Michael Bordt

Platon

Herder
Freiburg · Basel · Wien

Gedruckt auf umweltfreundlichem,
chlorfrei gebleichtem Papier

Originalausgabe

Alle Rechte vorbehalten – Printed in Germany
© Verlag Herder, Freiburg im Breisgau 1999
Lektorat: Lukas Trabert
Satz: DTP-Studio Helmut Quilitz, Denzlingen
Druck und Bindung: Freiburger Graphische Betriebe 1999
Umschlaggestaltung: Joseph Pölzelbauer
Umschlagmotiv: Antike Büste. Genf, Privatbesitz;
Bildarchiv Herder
ISBN 3-451-04761-6

Inhalt

Vorbemerkung 9

1. Platons Leben 11
   a) Die Quellen 11
   b) Platons Kindheit und Jugend 13
   c) Die Begegnung mit Sokrates 16
   d) Platons Entschluß zur Philosophie 18
   e) Die Jahre nach Sokrates' Tod und die erste Sizilienreise 20
   f) Die zweite und dritte Sizilienreise 22
   g) Die Gründung der Akademie und Platons Tod 23

2. Platons Akademie in der Auseinandersetzung mit
   der Sophistik 25

3. Platons Werke 33
   a) Echtheit und Chronologie 33
   b) Die frühen Dialoge 37
   c) Die mittleren Dialoge 38
   d) Die späten Dialoge 39

4. Warum Dialoge? 41
   a) Das Problem der Dialogform 41
   b) Das Vorbild Sokrates 42
   c) Der poetische Charakter der Dialoge 43
   d) Die Stellung eines Autors zu dem, was er schreibt . . 45
   e) Philosophie als Praxis *(Phaidros)* 46
   f) Eine alternative Interpretation: Der esoterische Platon 51

5. Von der Definition zu den Ideen 55
   a) Der Ausgangspunkt: Sokrates' Frage nach einer Tugend 55
   b) Die aporetischen Definitionsdialoge am Beispiel
      des *Euthyphron* 59
   c) Instrumente der philosophischen Analyse 61
   d) Die Einführung der Idee im *Euthyphron* 64
   e) Voraussetzungen der Frage nach der Idee 66
   f) Weitere Definitionsversuche im *Euthyphron* 70

6. Die Aspekte der Idee des Guten 75
   a) Das Wissen um das Gute als Voraussetzung für
      die Bestimmung der Tugenden 75
   b) Das Gute und das letzte Ziel allen Strebens 77
   c) Die anthropologische Grundlage 81
      Körper und Seele im *Phaidon* 81
      Die Unterscheidung der Seelenvermögen im *Staat* . 82
   d) Was ist das Gute? 86
      Das Sonnengleichnis 89
      Das Liniengleichnis 93
         Einleitung 93
         Der Bereich der mathematischen Gegenstände . 98
         Der Bereich der Ideen 100
         (i) Was sind Ideen? 100 – (ii) Was ist unsere Erfahrungswelt? 102 – (iii) Apriorisches Wissen und die Wiedererinnerung (*Menon*) 105 – (iv) Ideen als Ursachen (*Phaidon*) 108 – (v) Die Wirklichkeit der Ideen und der Aufstieg zum Schönen im *Symposion* 112 – (vi) Die Eigenschaften der Idee 115 – (vii) Die Erkenntnis der Ideen 117 – (viii) Der Anspruch der Ideenerkenntnis und die Methode des philosophischen Gesprächs 118 – (ix) Metaphysische Erfahrung (*Symposion*) 120 – (x) Dialektik als Methode der philosophischen Untersuchung? 124

      Das Höhlengleichnis 127

7. Die Einheit der mittleren Dialoge 129
   a) Politische Philosophie 131
   b) Platons Mythen 136

8. Gibt es in den mittleren Dialogen eine Ideenlehre? . . . 141

9. Platons späte Dialoge 145
   a) Einleitung 145
      Die *Gesetze* 146
      Timaios 149
   b) Die Einwände im *Parmenides* 151
   c) Der Wissensbegriff im *Theaitetos* 159
   d) Die Aufgabe des Philosophen 164
      Die Ideengemeinschaft im *Sophistes* 164
      Die Dihairese 167

10. Schlußwort 173

Literaturhinweise zum Weiterlesen 177

Anhang: Platons Dialoge 180

Index 190

Vorbemerkung

Wenn man sich mit Platon und seinem Werk beschäftigen will, dann lassen sich zwei Wege einschlagen. Der erste Weg ist der geistes- oder ideengeschichtliche. Solch einen Weg beschreitet, wer versucht, Platons Philosophie in seiner Zeit anzusiedeln. Mit wem hat Platon sich auseinandergesetzt? Wie hängen die philosophischen Fragen mit den politischen und sozialen Problemen zusammen? Was für ein philosophisches System hat er vertreten? Wie hat Platons Philosophie die Geschichte der Philosophie beeinflußt? Die Beantwortung solcher und ähnlicher Fragen ist eine Voraussetzung dafür, Platons Philosophie nicht von vornherein mißzuverstehen und unsere eigenen Fragestellungen und Probleme in Platons Schriften hineinzulesen. Um einem Philosophen gerecht zu werden, reicht es aber nicht aus, nur diesen Weg zu beschreiten. Ein Philosoph, und gerade ein Philosoph wie Platon, erhebt einen anderen Anspruch. Er will mit dem, was er sagt, nicht nur eine Antwort auf eine bestimmte Frage- und Problemstellung geben, die ihm seine Zeit vorgab. Er will bewußt über seinen historischen und kulturellen Kontext hinausgehen. 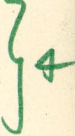 Dem Anspruch nach zielt jeder große Philosoph darauf, etwas zu sagen, was gültig und wahr ist, und zwar nicht nur in bezug auf eine bestimmte Zeit und eine bestimmte Kultur. Platon als Philosophen ernst zu nehmen bedeutet also, sich philosophisch mit dem auseinanderzusetzen, was er an Auffassungen vertreten hat, und sich mit seinem Anspruch auseinanderzusetzen, daß er etwas zu sagen hat, was heute noch relevant ist. Zu einer solchen philosophischen Auseinandersetzung über die Fragen und Probleme, die Platon bewegt haben, möchte die vorliegende Einleitung einladen, ermutigen und anregen.

Mein besonderer Dank gilt Michael Frede, der das Manuskript zu diesem Buch gelesen und ausführlich mit mir diskutiert hat; einige wichtige Passagen in diesem Buch gehen auf diese Diskussion zurück. Auf ein paar sachliche Unklarheiten haben mich Friedo Ricken SJ und Thomas Schmaus hingewiesen. Meine Eltern, Tone Svetelj SJ, Thomas Rieger, Peter und Antje Bordt haben mir viele Hinweise zur besseren Lesbarkeit des Textes gegeben – ihnen allen gilt mein Dank.

Die Abkürzung der Werke Platons folgt den Abkürzungen des Greek-English Lexicon von Liddell-Scott-Jones. Die Seiten- und Zeilenangaben beziehen sich auf den griechischen Text der Oxforder Ausgabe von J. Burnet: Platonis opera, Vol. II–V, Oxford 1900–1907, die z. Z. neu bearbeitet wird. Der erste Band ist bereits erschienen: Duke, Hicken, Nicoll, Robinson, Strachan (Hrsg.): Platonis opera, Vol I., Oxford 1995. Die Oxforder Ausgabe folgt sowohl in der Seitenzählung als auch in den Randbuchstaben (z. B. 121a oder 89d) der Renaissanceausgabe der Werke Platons von Henricus Stephanus (Genf 1578), deren Zitation sich als verbindlich durchgesetzt hat.

München, im Juli 1999 *Michael Bordt S. J.*

1. Platons Leben

a) Die Quellen

Wenn man an der Biographie eines Menschen interessiert ist, der vor über 2400 Jahren geboren worden ist, dann wird man sehr schnell mit der Tatsache konfrontiert, daß es kaum möglich ist, ein auch nur annähernd vollständiges Bild über sein Leben, geschweige denn seinen Charakter und seine Persönlichkeit, zu gewinnen. Das ist auch im Falle Platons nicht anders. Die wenigen Auskünfte, die uns aus antiken Quellen über Platons Leben überliefert sind, lassen oft große Lücken, widersprechen sich manchmal, sind tendenziös oder von stark anekdotischem Charakter. Vieles läßt sich für eine seriöse Rekonstruktion seines Lebens kaum verwenden. Im wesentlichen sind es nur zwei Quellen, aus denen man – wenn auch nur bruchstückhaft – etwas über das Leben Platons erfahren kann. An erster Stelle steht der sogenannte *Siebte Brief*, der uns in einer Sammlung von insgesamt 13 Briefen überliefert ist und als dessen Verfasser Platon genannt wird. Ob die einzelnen Briefe wirklich von Platon geschrieben worden sind, ist unklar und wird bis heute diskutiert. Auch die Autorenschaft des *Siebten Briefes* ist umstritten, und zwar deswegen, weil das, was man aus dem *Siebten Brief* über Platons Philosophie erfährt, nicht unbedingt mit dem übereinstimmt, was man den Dialogen, die Platon geschrieben hat, entnehmen kann. Nun muß aber selbst dann, wenn Platon nicht der Verfasser gewesen ist, der Brief doch von jemandem geschrieben worden sein, der Platon und sein Leben sehr gut gekannt hat, denn die historischen Details des *Siebten*

Briefes werden von anderen, platonunabhängigen Quellen aus der Antike bestätigt. Auf die biographischen Angaben, die dem *Siebten Brief* entnommen werden können, ist also insoweit Verlaß. Wir erfahren aus dem *Siebten Brief* einiges über Platons Motivation, sein Leben der Philosophie zu widmen, sowie über drei Reisen, die ihn nach Sizilien geführt haben.

Unsere zweite Quelle sind Platonbiographien, die teilweise schon unmittelbar nach Platons Tod geschrieben worden sind. Wir wissen beispielsweise, daß Aristoteles, Platons anfänglicher Schüler und späterer Mitarbeiter in der von Platon gegründeten Schule, eine Platonbiographie geschrieben hat. Oft sind diese Schriften mit dem Ziel verfaßt worden, Platons Leben und Philosophie zu glorifizieren oder ihn gegen bestimmte Angriffe zu verteidigen. Von daher sind sie historisch nur bedingt verwendbar. Überdies sind alle Platonbiographien von Autoren, die Platon vielleicht sogar noch persönlich gekannt haben, verloren gegangen. Was uns bleibt, sind einige Zitate aus ihnen bei späteren Autoren, deren Schriften uns erhalten sind. Zwei dieser Schriften sind besonders wichtig: der sogenannte *Academicorum Index* des Epikureers Philodemos aus dem ersten Jh. v. Chr. und ein Platonkapitel *Leben und Meinungen berühmter Philosophen* des Diogenes Laertios, wahrscheinlich aus dem 3. Jh. n. Chr. Der Wert beider Schriften liegt darin, daß sich die Autoren auf ältere Platonviten beziehen, aus denen sie, manchmal sogar mit Angabe des Autors, exzerpiert haben. So ist es möglich, sich durch diese späten Schriften über die älteren, verlorenen Platonbiographien an Platons Leben heranzutasten. Beide Schriften vermitteln ein Bild von Platons Familie und geben einen – allerdings nur geringen – Einblick in die philosophische Schule, die Platon gegründet hat.

b) Platons Kindheit und Jugend

Aus diesen Quellen ergibt sich folgendes Bild: Platon wurde mit großer Wahrscheinlichkeit zwischen dem Sommer 428 und dem Sommer 427 v. Chr. geboren. Sein Geburtsort ist ungewiß: Entweder ist er in einem reichen Stadtviertel Athens oder auf der Insel Ägina, einer damals zu Athen gehörigen, der Stadt südlich vorgelagerten Insel, zur Welt gekommen. Platon war der jüngste Sohn einer bekannten und reichen Familie der Athener Oberschicht. Er hatte drei Geschwister, zwei ältere Brüder, Glaukon und Adeimantos, und eine jüngere Schwester, Potone. Von Platons Vater, Ariston, und seiner Familie ist wenig bekannt. Es gibt eine Passage in Platons Dialog *Parmenides*, aus der sich schließen läßt, daß Platon nicht von seinem leiblichen Vater, sondern von einem Stiefvater namens Pyrilampes aufgezogen wurde, wohl weil sein eigener Vater früh gestorben ist (*Parm.* 126a1–b7). Ob diese Passage aber historisch verläßlich ist, ist unklar. Platons Mutter Periktione stammte aus einer bedeutenden Athener Aristokratenfamilie. Einige Mitglieder aus ihrer Familie, vor allem ihr Bruder Charmides und ihr Cousin Kritias, spielten in der Athener Politik, wie wir noch sehen werden, zeitweilig eine führende Rolle und haben Platons Leben und seine Entscheidung, nicht in die Politik zu gehen, durch ihr schlechtes Beispiel mitbeeinflußt.

Um diese wenigen Daten aus seiner Familie recht zu verstehen, muß man sich vergegenwärtigen, was es bedeutete, Ende des 5. Jahrhunderts als Junge in einer reichen, aristokratischen Familie in Athen aufzuwachsen. Die Kindheit und Jugend waren wesentlich durch den fortdauernden Peloponnesischen Krieg (431–404 v. Chr.) zwischen Sparta und Athen geprägt. Bei diesem Krieg ging es um die Frage, ob Athen seine bisher führende Stellung innerhalb der griechischsprachigen Welt aufrechterhalten oder sogar noch ausbauen konnte. Griechenland im Sinne eines einheitlichen Staates gab es damals nicht. Statt dessen gab es verschiedene Stadt- oder Gemeindestaaten, sogenannte *Poleis*, wie beispielsweise Athen, Theben, Megara oder Korinth mit dem jeweils dazugehörigen Umland. Auch die von diesen Städten aus gegründeten Kolonialstädte am Mittelmeer, wie beispielsweise Syrakus auf Sizilien, zählten zu Griechenland. Diese Poleis lebten in einem komplizierten und labilen Gleichgewicht miteinander. Viele Poleis waren zu Städtebünden zusammengeschlossen, vor allem, um im Kriegsfall effektiv gemeinsame Gegner zu bekämpfen. Nicht selten kam es dabei aber vor, daß eine Polis mitten im Krieg von einem Städtebund in einen anderen übertrat, weil sie sich von dem neuen Bund mehr Vorteile erhoffte. Die Poleis waren durch bestimmte allgemeingriechische Institutionen wie etwa die Spiele in Olympia miteinander verbunden, in denen alle griechischsprechenden Stadtstaaten zusammenkamen und sich als Einheit erleben konnten; im wesentlichen aber war jede Polis mehr oder weniger autonom.

Unmittelbar vor dem Peloponnesischen Krieg erlebte Athen unter Perikles (ca. 495–429 v. Chr., an der Regierung ab 443) eine ‚goldene Zeit'. In ihr entstanden die meisten klassischen Bauwerke wie beispielsweise ein Großteil der Bauwerke auf der Akropolis, die man heute noch in Athen bewundern kann. Es gab wenig soziale Spannungen, die Lebenshaltungskosten und die Arbeitslosigkeit waren so niedrig wie nie zuvor, die meisten Athener, zumindest die männlichen, konnten lesen und schreiben, und die Demokratie Athens stand in Blüte. In den Jahren vor Perikles war es Athen gelungen, die Vormachtstellung über einen großen Teil der griechischen Poleis zu bekommen und stärkste Wirtschaftsmacht zu werden. Sparta fürchtete nun, daß es Athen gelingen könnte, seine Machtposition auszubauen und schließlich die Herrschaft über ganz Griechenland zu erlangen. Im Jahr 431 v. Chr. brechen die schon vorher latenten Spannungen zwischen Sparta und Athen aus, und zwei Jahre nach Kriegsbeginn kommt es zur ersten Katastrophe für Athen. Als Folge einer fortdauernden Belagerung der Spartaner bricht in Athen eine verheerende Krankheit, wohl die Pest, aus. Sie tötet ein Drittel der Athener Bevölkerung. Die Kriegshandlungen kommen 421–415 zu einem vorübergehenden Stillstand. Zwei Jahre später jedoch, im Jahr 413 – Platon ist gerade 15 Jahre alt –, entscheidet sich der Krieg: Die Athener Flotte wird vor Sizilien vernichtend geschlagen, die Gefangenen zu Zwangsarbeit verurteilt. Damit ist Athens Streben nach einer Vormachtstellung über die anderen Poleis endgültig und unwiderruflich gebrochen. Innenpolitische Schwierigkeiten folgen: 411 kommt es innerhalb Athens zu einem Machtwechsel – eine demokratiefeindliche Gruppe kommt an die Macht, wenig später wird sie jedoch gestürzt und die Demokratie wiedererrichtet. Außenpolitisch versucht sich Athen noch einmal gegen Sparta zu erheben, nach einem kurzen Sieg der Athener im Jahr 406 schlägt Sparta zurück und entscheidet 404, Platon ist 24 Jahre alt, den Krieg endgültig für sich. Athen wird zwar nicht zerstört, muß aber die Mauern, d. h. seine Verteidigungsanlagen, schleifen und existiert zunächst nur durch Spartas Gnade.

Trotz des Peloponnesischen Krieges konnte das Leben in Athen über weite Strecken seinen gewohnten Gang nehmen. Kulturell war Athen nach wie vor eine lebendige Stadt und Mittelpunkt von Griechenland. Auch wenn die großen Bauprojekte unter Perikles beendet und während des Krieges auch kaum zu finanzieren waren, so wurden einige bescheidenere Bauten, wie z. B. das Erechtheion auf der Akropolis, vollendet. Viele der großen Dramen von Euripides und die Komödien von Aristophanes wurden während des Krieges aufgeführt. Über den Aufschwung an Bildungsmöglichkeiten wird noch zu referieren sein (vgl. S. 25f.).

Wir können uns vorstellen, daß Platon so erzogen worden ist, wie es damals in der Athener Oberschicht üblich war: Die Erziehung lag wesentlich in den Händen der Mutter, und von seinem Vater wird er Schritt für Schritt in die verschiedenen kultischen Feiern, Institutionen und das Leben der Stadt Athens eingeführt. Mit ungefähr sieben Jahren wird er zu Lehrern geschickt. Der Unterricht besteht aus drei elementaren Fächern, aus Grammatik (d. h. Lesen, Schreiben und auch Rechnen), aus Gymnastik und aus *mousikē*. Der Unterricht in *mousikē* bestand im ausgehenden 5. Jahrhundert vor allem darin, die Schüler die großen Epen Homers, die *Ilias* und die *Odyssee*, auswendig lernen zu lassen. In Platons Fall sind uns die Namen seiner Lehrer bekannt, und zumindest von einem seiner Lehrer wissen wir, daß er eine bedeutendere Persönlichkeit gewesen sein muß. Eine Quelle berichtet davon, daß Platon sich schon als Junge als außerordentlich begabt erwies. Er soll eigene Gedichte und Komödien geschrieben und auch im Zeichnen viel Talent gezeigt haben. Wieweit diese Nachricht verläßlich ist, läßt sich freilich nicht mehr ausmachen.

c) Die Begegnung mit Sokrates

Auf sichererem Boden bewegen wir uns mit der Feststellung, daß Platon sich ab seinem zwanzigsten Lebensjahr (also ab ungefähr 407 v. Chr.) einer Gruppe von jungen Männern um Sokrates, der rund vierzig Jahre älter als Platon gewesen ist, angeschlossen hat. Dabei wird Platon seinen späteren Freund schon vorher kennengelernt haben, denn Sokrates war stadtbekannt, und Platon hat ihn sicher als Kind oder Jugendlicher auf den Plätzen Athens getroffen. Sokrates philosophierte anders als alle diejenigen, die sich vor ihm mit philosophischen Fragen beschäftigt hatten. Er hat weder geschrieben noch unterrichtet. Seine Art zu philosophieren bestand darin, auf den Marktplatz, auf die Straßen, in die öffentlichen Sportstätten, die sogenannten Gymnasien, oder an den Hafen zu gehen und mit den Bürgern Athens, darunter oft mit berühmten Persönlichkeiten, philosophische Gespräche zu führen. Dabei wurde Sokrates von einer Gruppe junger Leute begleitet, zu der sich eben auch Platon zählte. In den Gesprächen mit den Bürgern Athens belehrte Sokrates nicht, sondern stellte Fragen, die ihn selbst beschäftigten und auf die er keine sichere Antwort wußte. Sein enormer Einfluß auf die jungen Männer wie Platon bestand nicht darin, daß er eine eigene Lehre entwarf, sondern darin, daß er eine Methode lehrte, Fragen zu stellen und philosophische Probleme zu diskutieren. Die Gespräche kreisten vor allem um die Frage, was das gute und glückliche Leben eigentlich ist.

Sokrates wurde im Jahr 399 v. Chr. zum Tode verurteilt und hingerichtet. Sein Tod war für Platon ohne Zweifel ein tiefgreifender Schock. Gegen die absurde Anklage, neue Götter in Athen einzuführen und die Jugend zu verderben, hat sich Sokrates selbst verteidigt. Seine Verteidigungsreden hat Platon – wenn auch nicht wörtlich, so aber doch wohl dem Geiste nach – in der *Apologie des Sokrates* nachgezeichnet. Noch heute wird diskutiert, warum Sokrates zum Tode verurteilt werden konnte. Viele Faktoren mögen eine Rolle gespielt haben, von einer allgemein unruhigen politischen Situation, die stets ein antiintellektuelles Klima fördert, über persönliche Ressentiments gegenüber der Person von Sokrates (die von der Komödie *Die Wolken* des ausgesprochen konservativen Dichters Aristophanes wohl noch angeheizt wurden, in der er eine völlig groteske und verzerrte Darstellung von Sokrates' Art zu philosophieren gab) bis hin zu konkreten Rachegefühlen seitens der Ankläger. Diese Rachegefühle waren eine Folge der Gespräche, die Sokrates mit den Bürgern Athens führte. Wenn Sokrates mit seinen Fragen zu ihnen kam und eine Antwort erhoffte, passierte es nicht selten, daß die Gefragten zunächst meinten, Sokrates' Fragen ganz leicht beantworten zu können. Im Verlauf der Gespräche mußten sie dann aber feststellen, daß sie nicht in der Lage waren, wirklich befriedigende Antworten zu geben und folglich eigentlich gar nicht wußten, was sie zu Beginn des Gesprächs zu wissen meinten. Zu einer solchen Selbsterkenntnis geführt zu werden, war für viele Athener natürlich wenig schmeichelhaft – zumal Sokrates die Gespräche oft nicht mit ihnen allein führte, sondern dabei von Jugendlichen und jungen Männern Athens begleitet wurde. Bedeutende Persönlichkeiten Athens (und solche, die sich dafür hielten) fühlten ohne Zweifel ihre Autorität in Frage gestellt. Sie reagierten gekränkt, aggressiv und rachsüchtig. Sokrates, so meinten sie, gefährde die Jugend Athens, weil er mit seinen Fragen lehre, die Autoritäten der Stadt nicht anzuerkennen. Nicht zuletzt deswegen wird er verurteilt und hingerichtet worden sein.

Die Bedeutung der Freundschaft mit Sokrates für Platons Leben und seine intellektuelle Entwicklung kann man kaum überschätzen. Dabei hat ihn nicht nur die Persönlichkeit seines Freundes stark beeindruckt, Sokrates' moralische Integrität, sein einfacher Lebensstil, seine Auseinandersetzung mit seinem Tod, sein Gerechtigkeitssinn, seine Tapferkeit, Zivilcourage und Loyalität gegenüber der Polis Athen, sondern auch seine Art, philosophische Fragen zu stellen und Probleme zu analysieren, die wohl – wie wir noch weiter sehen werden – als einer der wesentlichen Anstöße für Platons eigene Philosophie anzusehen ist. Man kann Platons eigene Philosophie als den Versuch verstehen, den Fragen und Problemen, die Sokrates aufgeworfen hat, philosophisch konsequent nachzugehen.

d) Platons Entschluß zur Philosophie

Aus dem *Siebten Brief* wird deutlich, daß Platon sich als heranwachsender Mann viel mit der Frage beschäftigt hat, was aus ihm einmal werden sollte. Als reicher junger Mann der Oberschicht lag es für ihn nahe, sein Leben den öffentlichen Aufgaben der Stadt zu widmen, d. h., wie wir heute sagen würden, in die Politik zu gehen. Eine günstige Gelegenheit bietet sich nach dem Ende des Peloponnesischen Krieges 404 v. Chr. an. Nach dem Sieg über Athen setzt Sparta in Athen eine Regierungsmannschaft von dreißig Männern, die sogenannten ‚Dreißig', ein, deren Loyalität sich Sparta sicher sein kann. Zu diesen Dreißig gehören auch Verwandte Platons – der Bruder und der Cousin von Platons Mutter, Charmides und Kritias. Beide fordern Platon auf, mit ihnen zusammenzuarbeiten. Platon ist zunächst voller Hoffnung – vielleicht gelingt es der neuen Regierung, endlich bessere und gerechtere Verhältnisse in Athen zu schaffen. Seine Hoffnungen werden aber schwer enttäuscht. Er muß miterleben, wie die Dreißig und an ihrer Spitze Kritias eine von Sparta unterstützte, brutale und despotische Schreckensherrschaft ausüben, die mindestens 1500 Athenern das Leben kostet und viele zur Flucht veranlaßt. Der Verfasser des *Siebten Briefes* stellt fest, daß gegenüber dem Regime der Dreißig die alte Verfassung wie Gold erscheinen müsse. Besonders abschreckend war für Platon, daß die Dreißig Sokrates den Befehl gaben, einen ganz offensichtlich unschuldigen Bürger aus Salamis festzunehmen um diesen hinrichten zu lassen; sie erhoffen sich davon, daß Sokrates durch die erzwungene Kollaboration mit ihnen jeden möglichen Widerstand aufgeben würde. Sokrates weigerte sich aber, den Befehl auszuführen. Nur weil Sparta mehr oder weniger gleichzeitig den Dreißig den Rückhalt aufkündigte, die Dreißig – und mit ihnen Platons Verwandte – gestürzt wurden und wiederum eine Demokratie in Athen errichtet werden konnte, wurde Sokrates nicht wegen Befehlsverweigerung umgebracht. Erneut hofft Platon, daß sich jetzt unter einer neuen, demokratischen Regierung ein politisches Engagement lohnt. Doch schon vier Jahre später zerschlagen sich seine Hoffnungen erneut. Es kommt zur Anklage gegen Sokrates, und als Sokrates im Prozeß 399 v. Chr. zum Tode verurteilt wird, ist für ihn klar, daß die Demokratie versagt hat. Platon faßt den schwerwiegenden Entschluß, seine Hoffnungen auf eine politische Laufbahn aufzugeben. Im *Siebten Brief* schreibt der Verfasser resigniert, daß er zwar nie aufgehört habe, darüber nachzudenken, wie eine Polis gerecht geleitet werden könne, und immer auf eine Gelegenheit gewartet habe, seine Pläne praktisch umzusetzen; solange aber die Gesetze derart ungerecht und die Sitten dermaßen schlecht seien, sei es nicht möglich, eine Polis richtig zu verwalten. Sein Fazit: Die Menschen würden erst dann vom Elend erlöst werden, wenn entweder diejenigen, die wirklich die Weisheit liebten, die Philosophen also, an die Macht in der Polis gelangten oder wenn die Herrscher begännen, wahrhaft zu philosophieren – ein Umstand, der – so fügt der Verfasser des *Siebten Briefes* hinzu – aber einer „göttlichen Fügung" bedürfe (*Ep. VII* 325 b 5–326 b 4)!

Die wachsende Enttäuschung über die Politik seiner Zeit ist ein wesentlicher Impuls für Platons Leben und seine Philosophie. Auch wenn seine Philosophie viel mehr als nur die Ethik und politische Philosophie umfaßt und Platon sich auch mit auf den ersten Blick weniger praxisnahen Fragen wie beispielsweise der Existenz mathematischer Gegenstände beschäftigt hat, so geht dieser politische Impuls doch nie verloren. Zu allen Zeiten seiner Tätigkeit als Philosoph hat er sich mit der Frage nach einer gerechten Verfassung beschäftigt, bis hin zu seinem letzten, monumentalen Spätwerk, den *Gesetzen*. Wenn Platon dafür eintritt, daß Philosophen herrschen sollen oder Herrscher Philosophen sein müssen – eine These, die sich nicht nur im *Siebten Brief*, sondern auch im *Staat* findet –, dann bedeutet dies, daß Politik nur dann gelingen kann, wenn sie rational ist. Politik muß sich an dem orientieren, was das eigentlich Gute für die ganze Polis – und nicht für die Macht- oder Interessenbefriedigung einzelner Politiker oder einzelner Gruppen – ist.

e) Die Jahre nach Sokrates' Tod und die erste Sizilienreise

Was Platon unmittelbar nach Sokrates' Tod gemacht hat, läßt sich nicht genau klären. Einige Quellen sprechen davon, daß er sogleich mit einigen Freunden eine längere Reise angetreten hat, andere berichten, daß er im Korinthischen Krieg (395–387 v. Chr.) im Militär gedient hat. Vielleicht schließt das eine auch das andere nicht aus. Sichere Nachrichten hat man erst wieder für die Zeit, als Platon knapp vierzig Jahre alt ist. Aus dem *Siebten Brief* läßt sich entnehmen, daß ihn eine Reise zwischen 389 und 387 nach Unteritalien und Sizilien geführt hat. In Unteritalien, vor allem in Tarent, hat er mit einigen politisch einflußreichen und berühmten Pythagoreern Freundschaft geschlossen, die dort in einigen Städten die Regierungsgewalt ausübten oder als Generäle und Heerführer Machtstellungen innehatten. Pythagoras ist uns heute vor allem durch seine Beschäftigung mit Geometrie bekannt; wir alle kennen den Satz des Pythagoras, demzufolge die Summe der Kathetenquadrate in einem rechtwinkligen Dreieck gleich der Größe des Hypotenusenquadrates ist. Wenn es auch eher unwahrscheinlich ist, daß die Formulierung des ‚Satzes des Pythagoras' wirklich von ihm selbst stammt, so ist doch das besondere Interesse an Mathematik für die Pythagoreer gut bezeugt. Für Platons Begegnung mit den Pythagoreern dürften neben dem mathematischen Interesse auch bestimmte pythagoreische Vorstellungen über die Seele wichtig gewesen sein. Pythagoras hat, anknüpfend an noch ältere Vorstellungen, die dem legendären Sänger Orpheus zugeschrieben wurden, die Unsterblichkeit und, damit verbunden, die Reinkarnation der Seele vertreten. Die Auffassung von einer unsterblichen Seele, die wiedergeboren wird, findet sich, wie wir noch sehen werden, an wichtigen Stellen in einigen von Platons Werken wieder, und man vermutet, daß Platons Auffassungen des Lebens der Seele im Jenseits auf pythagoreische Einflüsse zurückgehen.

In Sizilien lernt Platon den damals einundzwanzigjährigen Dion kennen, den Schwager des in Syrakus herrschenden Tyrannen Dionysios I. In Dion findet er einen jungen Mann, der ein lebhaftes Interesse für seine ethischen und politischen Vorstellungen hat. Mit ihm wird Platon eine lebenslange und tiefe Freundschaft verbinden. Dionysios I. war über die zunehmende Freundschaft zwischen Platon und seinem Schwager alles andere als glücklich, insbesondere weil er vermutete, daß Platon seinen Freund Dion gegen ihn aufbringen könnte. Der Aufenthalt in Sizilien endet mit zunehmenden Spannungen zwischen Platon und Dionysios. Bei Diogenes Laertios findet sich die Nachricht, daß Platon nach zwei Jahren von Dionysios gezwungen worden sei, Syrakus zu verlassen, und daß der Tyrann Platon in Ägina als Sklaven verkauft habe. Platon sei aber von einem Freund freigekauft worden. Ob den Details dieser Geschichte Glauben zu schenken ist, ist zweifelhaft; deutlich ist aber, daß die Spannungen zwischen Dionysios und Platon erheblich gewesen sein müssen.

f) Die zweite und dritte Sizilienreise

Zwanzig Jahre später, 367 v. Chr., erreicht Platon die Bitte von Dion, wieder nach Sizilien zu kommen. Dionysios I. sei gestorben, und sein Sohn und Thronfolger, der noch junge Dionysios II., sei offen und zugänglich für Platons Philosophie. Platon reist, mittlerweile schon sechzigjährig, wiederum nach Syrakus, wiederum ohne Erfolg und mit einem unerfreulichen Nachspiel. Dions Gegner finden ein offenes Ohr beim jungen Dionysios; sie fürchten den Einfluß, den Dion (und Platon) auf den Tyrannen haben, und werfen Dion Hochverrat vor. Dionysios II. verbannt Dion ins Exil. Platon wird zunächst gezwungen zu bleiben. Unter dem Vorwand einer freundschaftlichen Einladung werden ihm sämtliche Möglichkeiten zur Ausreise genommen, und nur mit Mühe kann er schließlich abreisen. Auch eine dritte Reise, die Platon 361 v. Chr. unternommen hat, endet erfolglos. Dionysios II. lädt ihn nach Syrakus ein (wohl um sich mit der Gegenwart eines berühmten Philosophen zu brüsten) und lockt ihn mit dem nicht eingehaltenen Versprechen, Dion aus der Verbannung zurückzuholen. Auch Dion und die Pythagoreer aus Unteritalien bitten Platon zu kommen, und so folgt Platon – wohl aus Solidarität gegenüber seinem Freund – der Einladung. Der Aufenthalt endet wiederum mit einer großen Enttäuschung. Wieder wird Platon daran gehindert, aus Syrakus abzureisen, er kann Dion nicht treffen, fühlt sich als Gefangener und gerät in zunehmende Gefahr, als er offen Dionysios' Verhalten gegenüber dessen Gefangenen kritisiert. Erst als Platon befreundete Pythagoreer aus Unteritalien um Hilfe bittet und diese sich für ihn einsetzen, darf er abreisen.

Platons Sizilienreisen sind manchmal als der Versuch gedeutet worden, seine eigene Staatsauffassung in Sizilien durchzusetzen. In Athen sei es ihm nicht gelungen, seine politischen Pläne zu verwirklichen, aber in Sizilien habe er dafür eine Chance gesehen. Wenn Platon behauptet habe, daß ein Philosoph herrschen solle, dann habe er dabei vor allem an sich selbst gedacht. Eine solche

Deutung der Reisen hält aber dem, was sich aus dem *Siebten Brief* entnehmen läßt, nicht stand. Es ging Platon in seiner ersten Reise nicht darum, selbst an die Macht zu kommen, sondern, wenn überhaupt, dann eher darum, über seinen Freund Dion einen indirekten Einfluß auf die Politik zu nehmen. Die zweite und dritte Reise unternimmt Platon nicht, weil er nun die Zeit für günstig hält, Dionysios II. von seinen politischen Vorstellungen zu überzeugen; im Gegenteil betont der Verfasser des *Siebten Briefes*, daß Platon skeptisch gegenüber einem möglichen Einfluß auf Dionysios II. ist, aber dennoch abreist, um seinem Freund Dion beizustehen. Er fühlt sich durch die Freundschaft mit Dion in die Verantwortung genommen, und dieser Verantwortung will er sich nicht entziehen.

g) Die Gründung der Akademie und Platons Tod

Wesentlich erfolgreicher als die Sizilienreisen verlief ein anderes Projekt, das Platon wohl unmittelbar, nachdem er 387 v. Chr. von seiner ersten Sizilienreise zurückgekommen war, in Angriff nahm: die Gründung einer eigenen ‚Schule', der Akademie. Die Akademie hat ihren Namen nach einer recht großen Parkanlage, der Akademia, die 2 km nordwestlich von Athens Akropolis lag. In dieser Parkanlage stand ein großes Gymnasion. Ein Gymnasion war eine Art Sportschule, in der sich die Jungen der Athener Oberschicht trafen, miteinander trainierten und Wettkämpfe veranstalteten. In einem Gymnasion wurde auch unterrichtet, und zwar über die drei elementaren Fächer Grammatik, Sport und *mousikē* hinaus. Auch Sokrates hat die Gymnasien regelmäßig besucht, und es ist kein Zufall, daß die allermeisten Dialoge Platons, in denen sich Sokrates mit einem Jugendlichen unterhält, in einem Gymnasion spielen. Die Gymnasien waren *die* sozialen Treffpunkte der Jungen der Athener Oberschicht. Es lag also für Platon nahe, wenn er erzieherisch und bildend tätig werden wollte, dazu an einem Gymnasion anzusetzen.

23

Nach seiner ersten Sizilienreise unterrichtete er zunächst wohl in dem Gymnasion auf dem Gelände der Akademia. Später kaufte er ein Grundstück neben der Akademia, ließ sich dort eine einfache Wohnung und einige Unterrichtsräume bauen und errichtete so seine eigene Schule, die dann später als ‚Platons Akademie' berühmt werden sollte. In dieser Akademie fand bis zur Zerstörung durch den damaligen römischen Konsul und späteren Diktator Sulla im Jahre 88 v. Chr. kontinuierlich Unterricht statt. Mit der Zerstörung scheint auch Platons Schule als Institution untergegangen zu sein, und erst ab ungefähr 410 n. Chr. gibt es wieder Nachricht von einer Lehrinstitution der Neuplatoniker, die sich die Akademie nennt, ihren Unterricht aber nicht auf dem Gelände der alten Akademie, sondern in einem Privathaus am Südhang der Akropolis abhält. Es ist diese wiedergegründete Akademie, die durch ein Dekret des römischen Kaisers Justinian im Jahre 529 n. Chr. geschlossen wird.

Was Platon nach der Gründung der Akademie getan und wie er gelebt hat, ist – bis auf die zweite und dritte Sizilienreise – unbekannt. Er hat nicht geheiratet und hatte keine Kinder. Sein Leben tritt ganz hinter seinem Werk zurück. Er starb wohl mit 81 Jahren 347 v. Chr. – eine Quelle sagt, bei einem Hochzeitsmahl – und wurde auf dem Gelände seiner Schule begraben. Nachfolger in der Schulleitung wurde sein Neffe Speusippos, dessen philosophische Positionen sich wesentlich von Platons eigenen Auffassungen unterschieden.

2. Platons Akademie in der Auseinandersetzung mit der Sophistik

Über Platons Akademie ist leider wenig bekannt. Gewiß hat es nicht an phantasievollen Versuchen gefehlt, das Leben und die Organisation der Akademie zu deuten – sei es als Vorläufer und Urbild der deutschen Universität, sei es als ordensähnliche religiöse Lebensgemeinschaft; in den meisten Fällen wird die Akademie aber anachronistisch aus der Sicht späterer sozialer Organisationsformen interpretiert. Sicher ist zweifellos, daß Platon mit der Akademie eine *Bildungseinrichtung* schaffen wollte, die sich philosophischen, aber auch, wie wir heute sagen würden, naturwissenschaftlichen und mathematischen Fragen und Problemen widmete. Die Gründung der Akademie ist Platons Antwort auf seine negativen Erfahrungen mit der Athener Politik. Platon wurde nicht Politiker, sondern wählte einen anderen Weg, um die Gesellschaft zu beeinflussen: den Weg der Erziehung und Bildung der Jugend. Nicht wenige seiner Schüler sind später politisch aktiv geworden.

Man kann die Gründung der Akademie nur dann verstehen, wenn man sich vergegenwärtigt, welche Bildungsmöglichkeiten es damals in Athen für einen jungen Mann gab, der die elementare Ausbildung in Grammatik, Gymnastik und *mousikē* abgeschlossen hatte. Bis in die Mitte des 5. Jh. v. Chr. hinein gab es keinen institutionell verankerten weiterführenden Unterricht. Ab ungefähr 450 v. Chr. trat in Athen eine Gruppe von Männern auf, die man etwas undifferenziert alle als Sophisten bezeichnet. Unter einem Sophisten versteht man jemanden, der etwas weiß oder kann und bereit ist, das, was er weiß, zu unterrichten – eben wie die Lehrer an einem Gymnasion, die auch ‚Sophisten' hießen. In diesem ganz allgemeinen Sinn von ‚Sophist' wird auch Sokrates zu den Sophisten gezählt. Einige Sophisten waren Lehrer für bestimmte Einzelwissenschaften, wie wir heute sagen würden, wie beispielsweise Astronomie oder Mathematik, aber charakteristisch für die Sophisten – auch für Sokrates – war eigentlich, daß sie sich mit einer anderen Frage beschäftigten: mit der Frage danach, wie man gut und richtig leben soll. Die Sophisten traten mit dem Anspruch auf, durch den Unterricht ihren Schülern alles beizubringen, was sie für ein gelungenes Leben brauchten. Es ist auch auf den Einfluß Platons zurückzuführen, daß das Wort ‚Sophist' ab dem 4. Jh. v. Chr. einen negativen Klang bekommen hat. Platon kontrastiert in seinen Dialogen immer wieder Sokrates, den er als wahren Philosophen porträtiert, mit den Sophisten, die Platons Dialogen zufolge aus teilweise unlauteren Motiven heraus die Jugend Athens unterrichten wollen. So richtig es ist, daß Sokrates sich in dem, was er gedacht hat, stark von den Positionen einiger Sophisten unterschieden hat, so ist er doch ein Teil derjenigen neuen Bildungsbewegung, die man nicht zu Unrecht die ‚sophistische Aufklärung' genannt hat.

Damit vollzog sich ein folgenschwerer Wandel in der philosophischen Diskussion. Bisher hatte sich die gedankliche, argumentative Auseinandersetzung mit der Wirklichkeit hauptsächlich auf naturphilosophische Fragen bezogen. Man hatte versuchte, die Welt und die Stellung des Menschen in ihr zu verstehen, indem man sich um Antworten auf Fragen nach der Entstehung und der Struktur des Universums bemühte. Die Denker, die sich diesem Projekt widmeten, nannte man später die Vorsokratiker, also diejenigen, die *vor* Sokrates Philosophie betrieben haben. Schon diese Bezeichnung deutet darauf hin, daß mit Sokrates – und den Sophisten – etwas ganz Neues begonnen hat. Cicero spricht an einer berühmten Stelle davon, daß Sokrates die Philosophie vom Himmel hinunter in die Stadt geholt und sie gezwungen hat, nach dem Leben, den Sitten, dem Guten und Schlechten zu fragen (Cic. *Tusc.* 5.10). Mit Sokrates und den Sophisten rückt die Frage nach dem Menschen und der Ethik in das Zentrum der Philosophie.

Der Erfolg, den die Sophisten in der Athener Oberschicht hatten, zeigt, daß sich die traditionellen Antworten auf die Frage nach dem gelungenen Leben offensichtlich zunehmend als unzureichend erwiesen und neue Antworten auf die neue gesellschaftliche Situation formuliert werden mußten. Platon teilt mit den Sophisten die Auffassung, daß die Frage nach dem guten Leben und einer richtigen Politik einer neuen Reflexion und einer neuen Begründung bedarf. Hier enden aber auch schon die Gemeinsamkeiten, denn Platons Antworten auf diese Fragen unterscheiden sich erheblich von den Antworten, die einige berühmte Sophisten wie beispielsweise Protagoras gegeben haben. Platons Akademiegründung läßt sich geradezu als eine Reaktion gegen den Einfluß der Sophisten verstehen. Ganz unmittelbar wird das daran deutlich, daß Platons Schule ein Konkurrenzunternehmen zu der Schule von Isokrates ist, der wohl um 390 v. Chr. mit außerordentlichem Erfolg eine eigene Schule gegründet hat. In seinen Werken grenzt sich Platon immer wieder, auch polemisch, gegen die Antworten ab, die berühmte Sophisten auf politische und moralische bzw. ethische Fragen gaben.

Zunächst zur Politik: Eine Ausbildung in Politik, die ein bestimmtes Fachwissen vermitteln will, gab es damals nicht. Wer Politiker werden wollte, studierte Rhetorik, d.h. die Regeln, die man anwenden muß, um durch eine Rede andere Menschen zu überzeugen und zu beeinflussen. Eine wichtige Voraussetzung für die Entwicklung der Rhetorik war die Athener Demokratie (in Zusammenhang mit Athen von ‚Demokratie' zu sprechen, leistet allerdings dem Mißverständnis Vorschub, die Athener Verfassung hätte große Ähnlichkeit mit unserer Demokratie – dabei unterscheidet sich die radikale Basisdemokratie Athens aber erheblich von den heute bekannten Formen von Demokratie; so war die Athener Demokratie beispielsweise keine repräsentative Demokratie. Es gab weder Gewaltenteilung noch Kontrollinstitutionen, Frauen und Sklaven waren von politischen Entscheidungen prinzipiell ausgeschlossen). Wer Erfolg haben und seine politischen

Vorstellungen durchsetzen wollte, aber auch wer einen Rechtsstreit gewinnen wollte, mußte die Volksversammlung oder die Richter überzeugen können. Politische Entscheidungen wurden in Athen damals nicht von einer gewählten Regierung getroffen, sondern von einer Volksversammlung, auf der jeder männliche Athener gleiches Stimmrecht hatte. Ebenso gab es keine beruflich geschulten Richter; wer in einem bestimmten Rechtsstreit gerade Richter war, wurde oft durch das Los entschieden. Um nun einen Rechtsstreit zu gewinnen, mußte man die als Richter eingesetzten Bürger davon überzeugen können, daß der eigene Standpunkt der richtige war. In einer derart radikalen Demokratie, in der jeder, ob kompetent oder nicht, über alles und jedes mit abstimmen darf, reicht es nicht aus, richtige Argumente vorzutragen. Menschen lassen sich oft nicht davon überzeugen, was richtig ist, sondern davon, was so überzeugend vorgetragen wird, daß sie an die Wahrheit des Vorgetragenen glauben. Derjenige konnte sich mit seinen politischen Vorstellungen durchsetzen, der am besten überzeugen konnte – ganz unabhängig davon, ob seine Vorstellungen auf Kompetenz, richtiger Einschätzung und notwendigem Wissen beruhten. Oft, wie auch im Fall der Verurteilung von Sokrates, setzte sich derjenige durch, der in der Lage war, die Menge zu gewinnen und mitzureißen. Dem gilt Platons erbitterter Protest. Es sei unmöglich, daß gerechte Urteile gefällt oder gerechte Politik betrieben werden könne, wenn Menschen ohne jede sachliche Kompetenz die Macht hätten, rechtliche und politische Entscheidungen zu fällen. Wenn Platon demgegenüber vertritt, daß die Herrscher Philosophen oder die Philosophen Herrscher sein sollen, dann wendet er sich gegen ein Verständnis von Politik, in dem Macht und Kompetenz auseinandergerissen werden. Derjenige soll die Macht haben, der weiß, wie man vernünftig und richtig handelt. Damit verweist die Politik auf die Ethik, denn Platon zufolge ist nur derjenige ein guter Politiker, der vor allem ein charakterlich guter Mensch ist. In diesem Sinn läßt Platon Sokrates im *Gorgias* von sich behaupten, daß im Vergleich mit so gut wie allen Politikern, die je über Athen geherrscht haben, eigentlich er allein ein richtiger Politiker ist (*Gorg.* 515c4–521e8). Wenn man sich vergegenwärtigt, daß sich Sokrates offenbar nie in – wie wir heute sagen würden – spezifisch politische Debatten innerhalb der Volksversammlung eingeschaltet hat, dann wird hier deutlich, daß es Politik als eigenständigen Bereich menschlichen Handelns im griechischen Verständnis nicht gab, sondern mit der Frage, wie man richtig handelt, zusammenfällt.

Zur Moral und Ethik: Die für Teile der Sophistik charakteristische Auffassung ist der ethische Relativismus. Ein ethischer Relativist behauptet, daß es gut oder schlecht immer nur relativ auf etwas anderes, z. B. eine bestimmte Kultur oder eine soziale Schicht bezogen, gibt. Die Entstehung des Relativismus wurde kulturell dadurch begünstigt, daß die Griechen durch die Kolonisation in den gesamten Mittelmeerraum hinein in engen Kontakt mit anderen Sitten und Bräuchen, anderen Götter- und Lebensvorstellungen kamen. Man entdeckte, daß eigene Sitten, Gesetze und Lebensformen, die man bisher für so selbstverständlich gehalten hatte, daß man sie beinahe als naturgegeben sah, in anderen Kulturen keine Geltung hatten. Aus dieser Erfahrung der Andersartigkeit einer fremden Kultur zogen einige Sophisten den radikalen Schluß, daß *alles*, d. h. auch das, was gut und gerecht ist, immer nur relativ sei.

Aus der Auffassung, daß sämtliche Wertvorstellungen der eigenen Polis relativ seien, folgt auch deren Beliebigkeit. Es erscheint nämlich fraglich, ob es sinnvoll ist, sich in seinem Leben an dem zu orientieren, was konventionellerweise gerade in der eigenen Kultur ‚gerecht' und ‚gut' genannt wird, denn das, was gut und richtig genannt wird, ist für den Relativisten kein objektiver Maßstab mehr, sondern von Kultur zu Kultur verschieden. Manche Sophisten behaupten, daß man sich im eigenen Interesse über die Gesetze einer Polis hinwegsetzen sollte (natürlich so, daß man klug dabei vorgeht und nicht erwischt wird) und nur derjenige wirklich glücklich werden kann, der nicht mehr bereit ist, dem zu entsprechen, was gerade in der eigenen Kultur ‚gerecht' genannt wird. Radikale Thesen tauchen auf, die immer mit der für die Sophistik charakteristischen Unterscheidung zwischen ‚von Natur aus' und ‚von Gesetz (oder Konvention, Brauch, Sitte) aus' arbeiten: Das, was gerecht ist, wird von der Masse der schwachen Bürger per Gesetz festgelegt, um sich gegen die Starken, die eigentlich von Natur aus zum Herrschen bestimmt wären, durchzusetzen. Damit, so einige Sophisten, werde die Naturordnung außer Kraft gesetzt, denn in der Natur zeige sich, daß der Starke herrschen solle; schließlich fresse das stärkere Tier das schwächere. Wer also von Natur aus stark sei, handele richtig, wenn er sich zum eigenen Vorteil über das, was von der Masse der Schwachen ‚gerecht' genannt werde, hinwegsetze; ja, er handele eigentlich dann gerecht im Sinne des von Natur aus Gerechten, wenn er sich über die Gesetze hinwegsetze, weil die Gesetze der Polis der eigentlichen Naturordnung widersprächen und von Natur aus ungerecht seien.

Die Vertreter des ethischen Relativismus sind Platons Hauptgegner, denn ihm zufolge macht der ethische Relativismus jede Moral und jede gerechte Politik unmöglich. Wir werden sehen, daß eine der zentralen philosophischen Bemühungen Platons darauf zielt, zu begründen, daß das, was gut und gerecht ist, nicht relativ auf eine bestimmte Kultur gut und gerecht ist, sondern daß es einen objektiven Maßstab gibt, an dem sich der Mensch orientieren muß, wenn er ein gutes und glückliches Leben führen will.

Kommen wir zu einem weiteren Merkmal der Akademie. Die Akademie bestand aus einer *Gruppe* von Lehrern und Schülern, die gemeinsam forschten und größtenteils auch miteinander lebten. Die gemeinsame Forschung betont der Autor des *Siebten Briefes*. Er spricht an einer Stelle davon, daß es bestimmte Dinge in der Philosophie gibt, die man nicht einfach unterrichten und lernen kann, und zwar nicht deswegen, weil sie zu kompliziert wären, sondern weil das Erkennen dieser Dinge und die Einsicht in ihre Wahrheit von bestimmten Voraussetzungen abhängen, die sich nicht verbal vermitteln lassen. Der Verfasser des Briefes schreibt, daß sich die Erkenntnis nur aus „häufiger *gemeinsamer* Bemühung um die Sache selbst und aus einem *gemeinsamen* Leben" ergibt, und zwar „plötzlich, wie ein Feuer, das von einem übergesprungenen Funken entfacht wurde" (*Ep. VII* 341 c 6–d 2). Die Akademie war, zumindest zu einem Teil, eine Lebensgemeinschaft von Philosophen und Philosophinnen (aus dem *Academicorum Index* wissen wir, daß auch Frauen zur Akademie gehörten), die gemeinsam philosophische Forschung im weitesten Sinn des Wortes betrieben und andere unterrichteten. Der berühmteste Schüler Platons ist Aristoteles, der 20 Jahre lang gemeinsam mit Platon in der Akademie geforscht und gestritten hat.

Aus der Divergenz der philosophischen Auffassungen von Platon und Aristoteles kann man ein weiteres Kriterium der Akademie erschließen: Es ging in der Akademie nicht darum, die Schüler dogmatisch auf ein philosophisches System festzulegen, sondern philosophische Probleme durchaus auch kontrovers zu diskutieren. So wird die Akademie eher ein offenes Unternehmen gewesen sein – zumindest zu der Zeit, in der Platon der Schule vorstand.

3. Platons Werke

a) Echtheit und Chronologie

Unter dem Namen Platons sind uns neben den schon erwähnten 13 Briefen 41 Dialoge und ein Buch, das den Titel *Definitionen* trägt, überliefert. Die Frage, welche dieser Schriften Platon selbst verfaßt hat, ist schon in der Antike diskutiert worden. So galten beispielsweise eine Gruppe von sechs kleineren Dialogen und die *Definitionen* schon früh als unecht. Im 19. Jahrhundert, dem Beginn der modernen Platonforschung, ist die Frage, wer die einzelnen Dialoge verfaßt hat, heftig diskutiert worden, wobei damals Dialoge als unecht verworfen worden sind, deren Echtheit heute nicht mehr ernsthaft geleugnet wird. Man ist sich heute weitgehend einig, daß von den 35 Dialogen (wenn man von den sechs sicher unechten Dialogen absieht) mindestens 25 von Platon selbst verfaßt worden sind – ein paar Dialoge sind nach wie vor umstritten. Auf jeden Fall sind wir bei Platon wohl in der glücklichen Lage, sein Gesamtwerk vollständig überliefert bekommen zu haben, denn wir wissen von keiner philosophischen Schrift von ihm, die verlorengegangen ist.

Seit dem 19. Jahrhundert hat sich die Platonforschung immer wieder mit der Frage beschäftigt, in welchem Jahr Platon die einzelnen Dialoge geschrieben hat. Diese Frage nach einer, wie man sagt, *absoluten Chronologie* seiner Werke läßt sich in keinem Fall sicher beantworten. Wir können aber davon ausgehen, daß Platon erst nach dem Tod von Sokrates, also 399 v. Chr., begonnen hat, schriftstellerisch tätig zu sein; gut bezeugt ist auch, daß das umfangreichste Werk Platons, die *Gesetze*, sein letztes Werk ist. Die *Gesetze* sollen von einem seiner Schüler nach seinem Tod herausgegeben worden sein. Aus den Dialogen selbst erhalten wir nur sehr selten einen Hinweis auf eine mögliche Abfassungszeit. Die Dialoge läßt Platon ja nicht zu der Zeit spielen, in der er sie geschrieben hat, sondern in der Zeit, in der Sokrates noch gelebt hat. Dennoch finden sich in manchen Dialogen Hinweise auf geschichtliche Ereignisse, und diese – allerdings sehr wenigen – Dialoge lassen sich dann zumindest insofern datieren, als deutlich ist, *vor* welchem Jahr der Dialog nicht geschrieben sein kann. So findet sich beispielsweise im Dialog *Menexenos* ein Hinweis auf ein Ereignis, das im Jahre 387 oder 386 v. Chr. stattgefunden hat; Platon kann also den Dialog nicht vor diesem Datum geschrieben haben.

Auch wenn sich die Frage nach der absoluten Chronologie seiner Dialoge in keinem Fall sicher beantworten läßt, so hat sich doch die Beschäftigung mit der Frage nach der sogenannten *relativen Chronologie* seiner Werke als fruchtbar erwiesen: In welcher Reihenfolge hat Platon seine Dialoge geschrieben? Diese Frage ist auch philosophisch interessant, insofern sie nämlich darauf abzielt, welche philosophischen Interessen und Auffassungen am Anfang von Platons Philosophie stehen, wie sich seine Philosophie weiterentwickelt und differenziert und welche philosophischen Themen Platon am Ende seines Lebens interessiert haben. Zu Beginn des 19. Jahrhunderts diskutierte man die Frage der relativen Chronologie auf der Grundlage des Inhalts der Dialoge[1]. Man interpretierte die einzelnen Dialoge und überlegte sich, in welcher Reihenfolge sie sinnvollerweise hätten geschrieben werden können. Diese Methode wurde schnell problematisch, denn die inhaltliche Interpretation eines Dialoges ist immer abhängig von be-

---

[1] Eine knappe und hilfreiche Darstellung der Diskussion bringt L. Brandwood: Stylometrie and Chronology, in: R. Kraut, *The Cambridge Companion to Plato*, Cambridge (1992), 90–120.

stimmten interpretatorischen Vorentscheidungen – mit der Folge, daß verschiedene Interpreten zu ganz unterschiedlichen Ergebnissen hinsichtlich der Chronologie kamen. Auf sichereren Boden gelangte man erst in der 2. Hälfte des 19. Jahrhunderts mit den Methoden der Sprachstatistik und stilistischen Untersuchungen. Die leitende Überzeugung war dabei, daß ein Autor im Laufe seines Lebens unbewußt seinen Stil wechselt. Es galt nun, auf diesen Stilwechsel zu achten, und man wurde fündig: Es zeigte sich beispielsweise, daß bestimmte Dialoge eine bestimmte Satzrhythmik aufweisen, daß Platon in bestimmten Dialogen bestimmte Partikel bevorzugte, die in anderen ganz fehlen, oder daß er sich in bestimmten Dialogen offensichtlich darum bemüht, Hiate, d. h. das Zusammentreffen zweier Vokale zwischen zwei Wörtern (wie z. B. in ‚wollt*e er*'), zu vermeiden. Das wichtigste und heute mehr oder minder unumstrittene Ergebnis der Sprachstatistik ist die Annahme dreier Gruppen platonischer Dialoge: *Frühdialoge, mittlere Dialoge* und *Spätdialoge* (in denen Platon Hiate vermeidet), wobei die Grenze zwischen den ersten beiden Gruppen fließend ist, so daß es manchen Interpreten sinnvoll erscheint, noch eine Periode des Übergangs zwischen den frühen und den mittleren Dialogen anzunehmen. Diese Drei- bzw. Vierteilung bildet bis heute die Grundlage der Diskussionen um die Chronologie. Folgende Dialoge zählen zu Platons frühen Werken (vgl. Anhang S. 180 ff.): *Apologie, Kriton, Ion, Protagoras, Gorgias, Euthyphron, Laches, Lysis, Charmides* und *Euthydemos*. Die drei in ihrer Echtheit umstrittenen Dialoge *Hippias minor, Hippias maior* und *Alkibiades I* würden, wenn Platon sie denn geschrieben hat, ebenfalls zu dieser Gruppe gehören. Als Übergangsdialog gilt vor allem *Menon*. Zu den mittleren Dialogen zählt man *Phaidon, Symposion, Staat, Phaidros, Kratylos* und *Menexenos*. Zu den späten Dialogen rechnet man *Parmenides, Theaitetos, Sophistes, Politikos, Philebos, Timaios, Kritias* und die *Gesetze*.

Es hat nicht an unterschiedlichen Versuchen gefehlt, mit Hilfe sprachstatistischer Untersuchungen auch die Frage nach der chronologischen Reihenfolge *innerhalb* der einzelnen Gruppen zu klären. Leider hat sich auch unter Einsatz von komplexen Computeranalysen gezeigt, daß Sprachstatistik und stilistische Untersuchungen keine brauchbaren Instrumente sind, um die Reihenfolge der Dialoge innerhalb einer Gruppe zu bestimmen. Hinzu kommen andere, eher grundsätzliche Bedenken; so ist etwa prinzipiell die Möglichkeit nicht berücksichtigt, daß das Thema des Dialoges in viel stärkerem Maße als angenommen unbewußt die Wortwahl (auch die Wahl der Partikel, die Hauptgegenstand der verschiedenen Untersuchungen sind) beeinflußt. Ein Dialog wie der *Lysis*, in dem Platon, ein Meister des Stils, schildert, wie sich Sokrates mit zwei Jungen unterhält, wird andere Worte gebrauchen als ein Dialog wie der *Gorgias*, in dem sich Sokrates mit dem berühmten Rhetoriker Gorgias und zwei Sophisten unterhält. Dennoch könnten beide Dialoge zur gleichen Zeit verfaßt worden sein. Zweitens gehen die sprachstatistischen Untersuchungen von der Voraussetzung aus, daß Platon einen Dialog nach dem anderen geschrieben hat. Das muß aber nicht der Fall sein – er kann durchaus mehrere Dialoge zugleich geschrieben haben, um beispielsweise ein bestimmtes philosophisches Problem von verschiedenen Aspekten her zu beleuchten. Drittens berichtet eine antike Quelle aus dem 1. Jh. v. Chr. davon, daß Platon seine Dialoge teilweise noch einmal sorgfältig überarbeitet hat. Es ist sehr wahrscheinlich, daß er dabei auch stilistisch gefeilt hat, so daß der Hinweis auf den Stil keinen Rückschluß auf das Datum der Abfassung, sondern nur auf den Zeitpunkt der Überarbeitung erlauben würde. Wie weitreichend die Schlüsse sind, die daraus gezogen werden können, ist allerdings unklar, denn es ist deutlich, daß sich Stilmittel der späten Dialoge nicht in den frühen oder mittleren Dialogen finden, so daß beispielsweise eine sehr späte Umarbeitung der frühen Dialoge unwahrscheinlich erscheint.

b) Die frühen Dialoge

Die drei Dialoggruppen unterscheiden sich nicht nur sprachlich und stilistisch, sondern auch inhaltlich stark voneinander. Dabei sind die Unterschiede zwischen den einzelnen Frühdialogen größer als zwischen den einzelnen mittleren oder späten Dialogen. An erster Stelle stehen innerhalb der Gruppe der frühen Schriften zwei Dialoge, in denen sich Platon unmittelbar mit der Verurteilung von Sokrates auseinandersetzt und die vielleicht die ersten Dialoge sind, die Platon geschrieben hat: die *Apologie*, Platons Darstellung von Sokrates' Verteidigungsreden, und der *Kriton*. Im *Kriton* schildert Platon, wie Sokrates' Freund Kriton diesen im Gefängnis besucht, um ihn zur Flucht zu überreden. Sokrates aber flieht nicht. Er will nicht begangenes Unrecht (seine Verurteilung) mit neuem Unrecht (seiner möglichen Flucht) vergelten. In seiner Weigerung zur Flucht drückt sich Sokrates' Überzeugung aus, daß Unrecht zu tun schlechter ist, als Unrecht zu leiden, weil man dadurch, daß man Unrecht tut, seiner Seele, d. h. sich selbst, Schaden zufügt. Die zweite Untergruppe innerhalb der Frühdialoge kreist um die Frage nach der Definition einer Tugend oder eines Wertbegriffs. Im *Laches* geht es beispielsweise darum, eine Definition der Tapferkeit zu finden; im *Charmides* soll Besonnenheit definiert werden; im *Lysis* läßt Platon Sokrates mit seinen Gesprächsteilnehmern eine Definition von Freundschaft suchen. Charakteristisch für diese Dialoge ist, daß sie alle ohne ein klares Ergebnis enden. Verschiedene Vorschläge für eine Definition werden in den Dialogen diskutiert, aber allesamt verworfen. Die Untersuchung endet in der Aporie, d. h. in einer ausweglosen Argumentationssituation, und man bezeichnet daher diese Dialoge als aporetische Definitionsdialoge. In der dritten Untergruppe von Frühdialogen steht die Auseinandersetzung mit der Sophistik im Vordergrund. Diese Dialoge tragen meist den Namen von bekannten Sophisten, wie beispielsweise *Protagoras* oder *Gorgias*. Platon setzt sich in diesen Dialogen mit dem Anspruch der Sophisten auseinander, Lehrer in der Tugend zu sein. Charakteristisch für diese Dialoge ist ein oft scharfer Gegensatz, der zwischen Sokrates, dem wahren Erzieher, und den Sophisten, die nur des Geldes wegen Menschen unterrichten, gezeichnet wird. Dabei ist die Definitionsproblematik eines Wertbegriffes teilweise mit der Frage nach der richtigen Erziehung verbunden. Der Vorwurf, den Platon gegenüber den Sophisten erhebt, besteht im wesentlichen darin, daß sie eigentlich nicht wissen, was sie zu wissen vorgeben. Sie wissen nicht, was Tugend ist, wollen es aber anderen beibringen. Sie wissen nicht, was eine gerechte Politik ausmacht und was Gerechtigkeit ist, erheben aber den Anspruch, andere zu gerechten und kompetenten Politikern auszubilden.

c) Die mittleren Dialoge

Die mittleren Dialoge, Platons literarische Meisterwerke, unterscheiden sich in mehrerer Hinsicht von den frühen Dialogen. Zunächst sind die mittleren Dialoge keine aporetischen Dialoge mehr. Zwar werden auch in den mittleren Dialogen Definitionsfragen gestellt; diese Definitionsfragen werden jetzt aber beantwortet, und zwar unter Zuhilfenahme der sogenannten Ideenlehre. Zweitens beschäftigt sich Platon in den mittleren Dialogen über die in den frühen Dialogen diskutierten Definitionsfragen hinaus noch mit ganz anderen philosophischen Themen wie beispielsweise mit Sexualität und Liebe, mit dem Tod, der Unsterblichkeit der Seele, mit Kunst, Theologie, Psychologie, den Grundlagen der Mathematik oder mit Sprachphilosophie, wobei die verschiedenen Themen dadurch miteinander verbunden sind, daß sie unter der Voraussetzung der Existenz von Ideen entwickelt werden. Weil sich in diesen Dialogen auch Anklänge an die Pythagoreer finden (z. B. in der Lehre von der Wiedergeburt), hat man gemeint, daß Platon seine mittleren Dialoge (und den *Menon*) nach seiner ersten Reise nach Unteritalien und Sizilien, wo er Kontakt zu Pythagoreern hatte (vgl. S. 20f.), geschrieben hat. Demzufolge wären die frühen Dialoge vor 389 v. Chr., die mittleren Dialoge nach 387 n. Chr. geschrieben worden. Die philosophische Entwicklung von den frühen zu den mittleren Dialogen, von den Fragen nach der Definition einer bestimmten Tugend hin zu dem, was man Platons Ideenlehre genannt hat, wird uns im folgenden Teil des Buches noch ausführlicher beschäftigen.

d) Die späten Dialoge

In den späten Dialogen werden die Antwortversuche aus den mittleren Dialogen problematisiert. Platon läßt die Gesprächspartner der späten Dialoge bestimmte Aspekte der Ideenannahme kritisieren und differenzieren. Das führt u. a. dazu, daß einige späte Dialoge philosophisch abstrakter und die Argumentationen oft ‚technischer‘ als in den mittleren Dialogen sind. Es bedarf einiger Einsicht in genuin philosophische Probleme und Fragestellungen, um die späten Dialoge verstehen und schätzen zu können. Damit verbunden sind große stilistische Unterschiede zwischen den mittleren und den späten Dialogen. Vielen späten Dialogen fehlt die literarische Eleganz der mittleren Dialoge. Manche Interpreten nehmen an, daß es einen größeren zeitlichen Einschnitt zwischen den mittleren und den späten Dialogen gegeben haben muß, und datieren die späten Dialoge nach Platons zweiter Sizilienreise. Der vorliegende Band, der ja nicht mehr als eine Einführung sein kann, wird sich auf die frühen und mittleren Dialoge konzentrieren und nur einen Ausblick auf die späten Dialoge geben.

4. Warum Dialoge?

a) Das Problem der Dialogform

In einer Platonbiographie aus dem 6. Jahrhundert ist uns folgende Anekdote überliefert: Platon habe sich im Augenblick seines Todes als einen Schwan gesehen, der von Baum zu Baum geflogen sei und damit den Jägern, die ihn fangen wollten, viel Sorgen bereitet, weil es ihnen nicht gelingen wollte, den Schwan einzufangen (*Proleg.* 1.37–41). Die Geschichte bringt treffend die Lage derjenigen zum Ausdruck, die Platon interpretieren und verstehen wollen. Platon, so scheint es, läßt sich nicht fangen. Er läßt sich nicht eindeutig auf eine bestimmte philosophische Position festlegen und entgleitet dem Zugriff der jagenden Interpreten. Daß Platons Philosophie so schwer greifbar ist, liegt nicht nur daran, daß der Inhalt seiner Dialoge oft komplex und nur durch größere gedankliche Anstrengungen zu verstehen ist – das ist bei allen großen Philosophen der Fall. Die Schwierigkeit hängt vor allem mit der Form zusammen, die Platon seinen Gedanken gegeben hat, der Form des Dialoges.

Alle Werke Platons sind – mit Ausnahme der *Apologie* und der Briefe – in Dialogform geschrieben. In den Dialogen läßt Platon jemand anderen, meist Sokrates, mit verschiedenen Gesprächsteilnehmern ein philosophisches Gespräch führen. Eine der entscheidenden Fragen jeder Platoninterpretation ist, warum Platon Dialoge und keine philosophischen Traktate oder, wie es beispielsweise einige Vorsokratiker getan haben, Lehrgedichte geschrieben hat. Man könnte zunächst geneigt sein, diese Frage als nebensächlich abzutun, weil sie bloß die Form betreffe und diese für den philosophischen Inhalt von sekundärer Bedeutung sei. Tatsächlich gibt es philosophische Dialoge, beispielsweise Dialoge von Cicero, in denen die Dialogform bei der Interpretation des Inhalts so gut wie vernachlässigt werden kann. Bei Platon ist aber, wie wir sehen werden, die Frage nach der Form, die er seinen philosophischen Überlegungen gegeben hat, von fundamentaler Bedeutung für ein richtiges Verständnis des Inhalts seiner Dialoge.

b) Das Vorbild Sokrates

Eine einfache Antwort auf die Frage, warum Platon Dialoge geschrieben hat, ist kaum möglich, weil die Dialogform ganz unterschiedliche Aspekte umfaßt, die alle auf verschiedene Art für die Interpretation der Dialoge relevant sind. Außerdem sind Platons Dialoge selbst wiederum so unterschiedlich, daß eine einheitliche Dialogtheorie der Verschiedenheit der Dialoge kaum gerecht werden kann. So ist beispielsweise leicht verständlich, warum Platon seine schriftstellerische Karriere damit begonnen hat, Dialoge zu schreiben. Die philosophische Tätigkeit seines Lehrers Sokrates bestand ja nicht darin, Vorlesungen zu halten oder Abhandlungen zu schreiben, sondern mit den Athenern philosophische Gespräche zu führen. Wenn Platon die Dialogform wählte, knüpfte er damit an die Form des Philosophierens an, die er bei Sokrates kennengelernt hatte. Auch andere Sokratesschüler haben versucht, die Atmosphäre und Gedanken der Gespräche, die Sokrates geführt hat, schriftlich festzuhalten. Keiner von ihnen schrieb Traktate. Alle haben die Form des Dialogs gewählt.

Diese Interpretation der Dialogform erklärt zwar, warum Platon seine schriftstellerische Tätigkeit mit Dialogen begonnen hat. Sie erklärt aber nicht, warum er sich nicht später von ihr verabschiedet hat. In den mittleren und späten Dialogen läßt Platon immer noch Sokrates auftreten, obwohl das, was er Sokrates in den Mund legt, nicht mehr viel mit dem zu tun haben kann, was der historische Sokrates vertreten hat. Während der Sokrates der frühen Dialoge oft die Thesen seiner Gesprächspartner prüft und kritisiert und die Dialoge ohne ein leicht greifbares Ergebnis wenigstens formal aporetisch enden, tritt uns in den mittleren und späten Dialogen ein anderer ‚Sokrates' entgegen, der über weite Strecken seine Gesprächspartner belehrt. Er weiß Antworten auf die Fragen, die ihm seine Gesprächspartner stellen. Er beschäftigt sich mit Themen wie Metaphysik oder Mathematik, über die der historische Sokrates, nach allem was wir wissen, nicht nachgedacht hat.

c) Der poetische Charakter der Dialoge

Man könnte vermuten, daß Platon weiterhin an der Dialogform festgehalten hat, weil ein Dialog literarisch und ästhetisch ansprechender als ein philosophisches Traktat ist. Die mittleren Dialoge (aber auch einige frühe Dialoge) sind in ihrem Aufbau, in der dramatischen Gestaltung, der Schilderung der Atmosphäre, dem Witz und der Tiefe der Gespräche künstlerische Meisterwerke und ziehen in jüngster Zeit verstärkt die Aufmerksamkeit von Interpreten auf sich, die besonders an den literarischen Aspekten von Platons Schaffen interessiert sind. Platon knüpft in den Dialogen an Elemente der Dichtung, vor allem der klassischen Komödie an.

Die besondere literarische Qualität der mittleren Dialoge hängt teilweise auch mit dem Inhalt dieser Dialoge zusammen. Platon scheint der Auffassung gewesen zu sein, daß die Dichtung in bezug auf die Behandlung bestimmter Themen eine adäquatere Form als die philosophische Argumentation ist. Ein Beispiel dafür findet sich im *Phaidon*, dem Dialog, in dem Platon ergreifend die letzten Gespräche und den Tod seines Freundes Sokrates schildert. Im *Phaidon* läßt Platon Sokrates berichten, er habe immer wieder einen Traum gehabt, in dem ihm gesagt worden sei, er solle anfangen zu dichten. Bisher habe er den Traum als Ansporn, Philosophie zu treiben, verstanden, weil Philosophie die beste Dichtung sei. Jetzt aber, nach seinem Todesurteil, spüre er, daß er etwas anderes machen müsse. Er habe angefangen, Gedichte und Lieder zu schreiben (*Phd.* 60c8–61c1). Platon bringt hier zum Ausdruck, daß die Form der Dichtung vielleicht angemessener als ein philosophisches Argument ist, wenn es darum geht, sich mit dem Tod auseinanderzusetzen. Wenn jemand, wie Platon in einigen mittleren Dialogen, die ganze Wirklichkeit des Menschen in den Blick nehmen will und beispielsweise fragt, woher wir kommen und wohin wir gehen, dann stößt er mit diesen Fragen an die Grenzen dessen, worüber man etwas Sicheres wissen kann. Es gibt Bereiche der Wirklichkeit, die sich dem Zugriff der Argumente weitgehend entziehen, über die wir uns aber dennoch irgendwie verständigen wollen. Hier hat die Dichtung, das Lied, die Musik oder der Mythos seinen Platz. In den Gesprächen, die Sokrates in den mittleren Dialogen führt, gehen philosophische Argumentationen und Elemente der Dichtung oft ineinander über. Einige dieser Dialoge enden mit einem großen Schlußmythos über das Schicksal der Seele nach dem Tod und über das Leben im Jenseits. Eine der Funktionen dieser Mythen ist es, aufbauend auf den philosophischen Argumenten des Dialoges ein kohärentes Bild unserer gesamten Wirklichkeit zu entwerfen, das auch auf die Frage nach dem Weiterleben der Seele nach dem Tode Antworten geben kann.

Diese literarisch-ästhetische Deutung der Dialogform mag zwar erklären, warum die mittleren Dialoge von so hoher poetischer Qualität sind; sie kann aber keine Erklärung für sämtliche Dialoge Platons sein. So gebraucht Platon beispielsweise in einigen frühen Dialogen bewußt eine einfache Alltagssprache, und in einigen späten Dialogen fehlt über weite Strecken jede literarisch-kunstvolle Gestalt. Erneut stellt sich die Frage, warum Platon an der Dialogform festgehalten hat. Im folgenden seien zwei Antwortversuche vorgestellt, die beide eine grundsätzlichere und philosophische Antwort auf die Frage nach der Dialogform geben wollen.

d) Die Stellung eines Autors zu dem, was er schreibt

Ein Autor, der ein philosophisches Traktat veröffentlicht, will normalerweise in dem Traktat das zum Ausdruck bringen, was er selbst für richtig hält. Er stellt sich hinter den Inhalt dessen, was er geschrieben hat. Man erwartet von dem Autor, daß er das, was er veröffentlicht, vertreten kann und daß er seine eigene Meinung in einem Traktat ausdrückt. Selbst wenn ein Autor ein skeptischer Philosoph ist und keine eigenen Thesen vertritt, so muß er sich dennoch zumindest auf die skeptische Grundposition festlegen lassen, für die er argumentiert. Anders als bei einem Traktat muß sich der Autor eines Dialoges nicht notwendig mit dem Inhalt seines Werkes identifizieren. Die Form des Dialoges ermöglicht es ihm, philosophische Gespräche vorzuführen, ohne selbst direkt dazu Stellung nehmen zu müssen, d.h. ohne daß deutlich werden muß, ob er selbst die Thesen und Argumente, die er den Teilnehmern des Dialoges in den Mund legt, für richtig hält. Hier liegt sicherlich einer der Gründe dafür, warum Platon für seine Werke die Dialogform gewählt hat[2]. Die Dialogform ermöglicht es Platon, eine ganz grundsätzliche Distanz zu dem einzunehmen, was er jeden der Gesprächsteilnehmer des Dialoges sagen läßt. Platon führt lediglich vor, was passiert, wenn sich bestimmte Menschen über eine philosophische Frage unterhalten. Durch die Dialogform wird Platon nie in die Situation gebracht, persönlich vertreten zu müssen, was er geschrieben hat. Selbst dort, wo Platon in seinen Dialogen Sokrates bestimmte Thesen zuschreibt, läßt sich daraus nicht erschließen, daß er diese Thesen selbst für richtig hielt. Insofern scheitert jeder Versuch, Platon eindeutig auf bestimmte philosophische Thesen festzulegen – er entgleitet uns Interpreten wie der Schwan seinen Jägern.

---

[2] Vgl. M. Frede: The Literary Form of the *Sophist*, in: C. Gill und M. M. McCabe: *Form and Argument in Late Plato,* Oxford (1996), 135–152.

e) Philosophie als Praxis *(Phaidros)*

Der zweite Antwortversuch geht von Platons Philosophiebegriff aus. Die Frage nach der Dialogform hängt eng mit Platons Verständnis davon, was Philosophie ist, zusammen. Philosophie ist für Platon keine Lehre, sondern eine Praxis. Um diese Praxis zu vermitteln, sind philosophische Traktate ungeeignet. Philosophie besteht nicht darin, ein geschlossenes philosophisches System zu entwickeln, zu unterrichten oder auswendigzulernen. Vielmehr besteht Philosophie in der fortwährenden, unabschließbaren Suche nach Wahrheit, Weisheit und Wissen. Platon skizziert dieses Verständnis von Philosophie in mehreren seiner Dialoge (vgl. z. B. *Lys.* 218 a 2–b 6, *Euthyd.* 282 c 1–d 3, *Smp.* 203 c 5–204 b 7, *Phdr.* 278 d 3–6). Kein Gott, der bereits weise ist, philosophiert. Ebensowenig philosophiert jemand, der ignorant ist und in seiner Ignoranz sein Unwissen nicht wahrzunehmen vermag. Nur derjenige philosophiert, der sich seines eigenen Mangels an Weisheit und Wissen bewußt ist; durch das Philosophieren will er sich von seinem Mangel befreien. Platon erklärt diese Bedeutung von Philosophie auch durch eine Interpretation des griechischen Wortes *philosophia*. Ein *philos* ist ein Freund oder ein Liebhaber von etwas. Jemand, der ein *philos* ist, liebt etwas und strebt es an. *Sophia* ist das griechische Wort für Weisheit. Ein *philo-sophos* ist, Platon zufolge, ein Liebhaber, der nach Weisheit strebt, weil er sie nicht hat. Wenn der griechische Sprachgebrauch von *philos* auch nicht voraussetzt, das man das, was man liebt, nicht hat, so ist ein anderes Moment des Gebrauchs von *philos* mit einem dazugehörigen Substantiv doch relevant. Wenn jemand ein *philo-sophos* genannt wird, bedeutet das nicht nur, daß er ein allgemeines Interesse an Weisheit hat, das sich nicht von dem Interesse an Wissen und Weisheit eines bildungsbeflissenen Bürgers unterscheidet, sondern daß sich seine Liebe zur Weisheit auf eine Art und Weise äußert, die sich deutlich von der vieler Menschen unterscheidet. Wenn jemand im Griechischen beispielsweise ein *phil-oinos* genannt wird (wobei *oinos* ‚Wein' heißt), dann bedeutet das keineswegs nur, daß der *phil-oinos* jemand ist, der guten Wein zu schätzen weiß, sondern daß er ein Mensch ist, in dessen Leben sich sehr viel, vielleicht sogar zu viel, um den Wein dreht. Um ‚Philosoph' genannt zu werden, muß sich das Interesse an der Weisheit auf eine intensive, auffällige, bemerkenswerte und ungewöhnliche Art ausdrücken, die sein Leben prägt und von vielen Menschen durchaus als übertrieben angesehen wird. Ein Philosoph genannt zu werden bedeutet nicht nur, ein Interesse an Weisheit zu haben, sondern eine bestimmte Lebensform zu wählen, in der diese Liebe zur Weisheit zum Ausdruck kommt. Platons Dialoge zeigen nun Sokrates auf der Suche nach Wahrheit und Wissen. Darüber hinaus nehmen sie den Leser und die Leserin mit hinein in diesen Suchprozeß. Um diesen pädagogischen Aspekt der Dialogform angemessen zu verstehen, müssen wir etwas weiter ausholen.

Es gibt eine berühmte Stelle im *Phaidros*, in der Platon die Nachteile der Schriftlichkeit darlegt (vgl. *Phdr.* 274b9–278b6). Der uns interessierende Passus beginnt damit, daß Platon Sokrates eine Geschichte von der Einführung der Schrift erzählen läßt. Der für seine vielen Erfindungen bekannte Gott Theuth hat die Schrift erfunden und besucht den ägyptischen König Thamus, um seine Erfindung patentieren und die Schrift in Ägypten einführen zu lassen. Der König reagiert skeptisch: Er fragt danach, welchen Vorteil sein Volk von der Schrift wohl haben könnte. Theuth nennt zwei Vorzüge: Die Einführung der Schrift würde sowohl das Gedächtnis der Ägypter stärken als auch die Ägypter weiser machen, weil die Schrift ein Mittel dazu sei, Weisheit zu erlangen. Thamus argumentiert dagegen. Erstens werde das Gedächtnis gerade nicht gestärkt, weil es nicht mehr geübt werden müsse – man könne ja alles in einem Buch nachschlagen. Zweitens sei die Schrift kein Mittel, um Weisheit zu erlangen. Lediglich als eine Informationssammlung sei die Schrift sinnvoll, allerdings nur für solche Informationen, die keine lebensrelevante Bedeutung hätten. Auf der Suche nach einem gelungenen Leben und nach Weisheit könnten dem Menschen solche Informationen nicht weiterhelfen, denn ein schriftlich fixierter Text sei ganz ungeeignet, um jemanden weise zu machen. Im Gegenteil: Wenn die Menschen diese Texte läsen, bestünde die Gefahr, daß sie sich einbildeten, sie verstünden, was sie lesen, wo sie doch normalerweise gar nichts verstehen; der Umgang mit diesen Menschen sei schwierig, weil sie zur Arroganz und Unbelehrbarkeit neigten (vgl. *Phdr.* 275 a 6–b 2).

Wenn Philosophie eine Suche nach Weisheit ist, dann ist ein schriftlich fixierter Text Platon zufolge kein geeignetes Mittel, dem Ziel näherzukommen. Darüber hinaus meint Platon, daß schriftliches Wissen kein deutliches und sicheres Wissen bringe, denn an einen schriftlich fixierten Text könne man keine Rückfragen stellen. Er bleibe stumm. Wenn man einen Text befrage, antworte er immer nur dasselbe. Wer einen Text lese und interpretiere, könne nie sicher sein, ob er den Text richtig verstehe, weil er über kein Kriterium verfüge, das ihm erlaube zu testen, ob sein Verständnis des Textes mit dem, was der Autor gemeint hat, übereinstimme.

Was aber wäre nach Platon ein lebensrelevantes, deutliches und sicheres Wissen, also ein Wissen, das nicht allein in der Kenntnis von Informationen oder darin besteht, daß jemand die Thesen und Argumente eines Autors auswendig kennt? Wie kann man lebensrelevantes Wissen vermitteln? Im *Phaidros* gibt Platon darauf folgende Antwort: Nicht ein Text, sondern nur ein philosophisches Gespräch könne in der Seele eines Menschen eine Wirkung zeigen. Platon verdeutlicht den Unterschied zwischen einem Philosophen, der Traktate schreibt, und einem Philosophen, der philosophische Gespräche führt, an dem Beispiel einer Person, die einen wertvollen Samen in die Erde säht, in der Hoffnung, daß er Früchte bringen werde. Wer philosophische Texte schreibe, gleiche jemandem, der aus Spaß einen Samen in einen Blumentopf pflanzt und sich daran freut, wie schnell der Samen wächst. Von der schnell wachsenden Pflanze werde man aber keine Früchte ernten können. Wer demgegenüber philosophische Gespräche führe, gleiche jemanden, der den Samen in den Acker pflanzt und sich geduldig um den Keim bemüht. Auch wenn sich keine schnellen Erfolge einstellten, könnten allein die in den Acker gepflanzten und gehegten Samen Früchte bringen.

Philosophisches Wissen ist nicht in der Form erreichbar, daß Informationen gesammelt oder Traktate geschrieben und auswendig gelernt werden. Philosophisches Wissen hat eine andere Struktur, die Platon als eine Kunst, eine Fähigkeit, eine Fertigkeit oder ein Können charakterisiert. Das, was eine Fähigkeit ausmacht, kann man aber nicht einfach schriftlich fixieren. Ein guter Arzt beispielsweise kann sein Können und seine Fähigkeiten nicht dadurch weitergeben, daß er an seine Studenten und Studentinnen im Hörsaal Informationen weitergibt. Er kann zwar Vorlesungen halten und ein gutes Lehrbuch schreiben, aber damit ist seinen Schülern nur teilweise geholfen. Ein guter Arzt zeichnet sich, neben seinem notwendigen Fachwissen, vor allem dadurch aus, daß er viel Erfahrung und solide Menschenkenntnis besitzt. Beides ist nur sehr bedingt schriftlich zu vermitteln und läßt sich nicht durch einen Text ersetzen.

An dieser Stelle stellt sich aber ein ganz grundsätzliches Problem: Wie kann jemand wie Platon auf der einen Seite ausführlich die Nachteile einer schriftlichen Fixierung philosophischer Gedanken vertreten und auf der anderen Seite philosophische Schriften verfassen? Müßte er nicht konsequent wie Sokrates auf *jede* schriftliche Fixierung der Philosophie verzichten? Es ist das bleibende Verdienst von Friedrich Schleiermacher, in der Einleitung zu seiner 1804 herausgegebenen Übersetzung der Werke Platons[3] eine Deutung der Dialogform vorgelegt zu haben, die verständlich macht, daß und inwiefern die Form des Dialoges die Nachteile der schriftlichen Fixierung zumindest zum Teil ausgleichen kann.

Ein Beispiel aus Platons *Lysis* soll verdeutlichen, inwiefern Platon seinen Lesern durch die Form des Dialoges keine fertigen Resultate und Informationen, sondern Probleme vorlegt, die zum

---

[3] Vgl. F. Schleiermacher: *Über die Philosophie Platons,* hrsg. v. P. Steiner, Hamburg 1996.

eigenen Philosophieren, zur Suche nach der Wahrheit, provozieren sollen. An einer Stelle in diesem Dialog unterhält sich Sokrates mit Menexenos, einem Jungen von vielleicht zwölf Jahren, darüber, welche Voraussetzungen erfüllt sein müssen, damit ein Mensch ein Freund genannt werden kann (*Lys.* 211d6–213e4). Sokrates unterscheidet zunächst drei Fälle: Entweder ist jemand dann ein Freund, wenn er jemanden oder etwas liebt. So sprechen wir beispielsweise von einem Sportfreund oder einem Opernliebhaber. Zweitens ist jemand dann ein Freund, wenn er jemanden liebt und auch von dem, den er liebt, wiedergeliebt wird. In diesem Sinne spricht man von einer Freundschaft oder Liebe zwischen zwei Menschen. Drittens ist jemand ein Freund, wenn er von jemandem geliebt wird. Andere Fälle, da ist Sokrates recht zu geben, gibt es nicht. Im Gespräch läßt Platon Sokrates gegen sämtliche drei Fälle argumentieren. Diese Argumente werden vom jungen Menexenos jeweils als gültige Gegenargumente akzeptiert. Die Untersuchung endet in einer Aporie. Sokrates faßt das Ergebnis zusammen: Es ist anscheinend unmöglich, daß jemand je ein Freund von irgend etwas oder von irgend jemandem sein kann. In diesem Moment unterbricht Lysis, Menexenos' etwa gleichaltriger Freund, die Unterhaltung. Er protestiert. In der Untersuchung seien Fehler gemacht worden. Sokrates freut sich über Lysis' philosophische Begabung und gibt ihm recht. Tatsächlich wäre man wohl auf ein anderes, positiveres Ergebnis gekommen, wenn man die Untersuchung richtig geführt hätte. Sokrates fügt hinzu, daß er sich nun aber lieber einem neuen Thema zuwenden wolle, denn die Untersuchung richtig zu führen, wäre ein außerordentlich anstrengendes Unterfangen.

Der Einwurf von Lysis und Sokrates' Hinweis ist wichtig für die Interpretation des Gespräches zwischen Menexenos und Sokrates. Das aporetische Untersuchungsergebnis ist nicht deswegen zustande gekommen, weil es wirklich gar nicht möglich ist, daß jemand ein Freund von etwas oder von jemandem sein kann, sondern weil in der Untersuchung Fehler gemacht worden sind. Diese

Fehler deckt Platon aber nicht auf. Er weist die Leser und Leserinnen des *Lysis* darauf hin, daß Fehler gemacht worden sind, und es liegt nun an ihnen, die Fehler zu entdecken. Diese Fehleranalyse ist, wie Platon Sokrates selbst sagen läßt, keine einfache Aufgabe, aber wenn sich jemand an diese Aufgabe macht, dann beginnt er wirklich selbst zu philosophieren. Er müßte sich beispielsweise überlegen, welche der vorgetragenen Argumente gültig und welche ungültig sind. Er müßte sich Gedanken darüber machen, welche Kriterien er annehmen will, um zu entscheiden, ob ein Argument gültig oder ungültig ist. Um der Passage aus dem *Lysis* gerecht zu werden, genügt es nicht, bloß den Text zu lesen; die Aporie soll uns Leser und Leserinnen provozieren (denn die Folgerung ist so absurd, daß sie unmöglich wahr sein kann), uns eigene Gedanken zu machen und den Fehlern durch eigene philosophische Anstrengungen auf die Spur zu kommen.

f) Eine alternative Interpretation: Der esoterische Platon

Die hier vorgelegte Deutung der Dialogform beruht auf einer Voraussetzung, die nicht unumstritten ist. Sie geht nämlich davon aus, daß man für eine Antwort auf die Frage nach Platons eigener Philosophie die Dialoge, also das, was Platon geschrieben hat, zugrunde legen kann. Diese Voraussetzung wird von einigen vor allem deutschen Forschern bestritten, die man zur sogenannten ‚Tübinger Schule' zählt[4]. Sie vertreten, daß Platon seine eigentliche Lehre nicht aufgeschrieben, sondern mündlich in der Akademie vorgetragen habe. Im Anschluß an die Unterscheidung zwischen

---

[4] Die Hauptwerke der ‚Tübinger' Platoninterpretation sind H. J. Krämer: *Arete bei Platon und Aristoteles*, Heidelberg 1959, K. Gaiser: *Platons ungeschriebene Lehre*, Stuttgart 1968[2], und T. Szlezák: *Platon und die Schriftlichkeit der Philosophie*, Berlin 1985 (vgl. auch seine Einführung in die Hermeneutik Platonischer Dialoge: T. Szlezák: *Platon lesen*, Stuttgart 1993), und G. Reale: *Zu einer neuen Interpretation Platons*, Paderborn 1993.

exoterischen Schriften (also Schriften, die zur Veröffentlichung bestimmt sind), und esoterischen Schriften (also Schriften, die nur für einen ausgewählten Hörerkreis bestimmt sind – was natürlich nichts mit heutiger Esoterik gemein hat) spricht man bei ihrer Interpretation vom ‚esoterischen Platon'. Wenn wir wissen wollen, was Platon gedacht habe, dann, so die Tübinger, dürften wir uns nicht in erster Linie an den Dialogen orientieren, sondern müßten diejenigen Texte von Platonschülern zu Hilfe nehmen, aus denen sich ergibt, was Platon mündlich gelehrt hat. Nun gibt es tatsächlich einige Texte – vor allem in den Werken von Aristoteles (andere Texte, auf die sich die Tübinger berufen, sind aus wesentlich späterer Zeit und kommen von daher nur sehr bedingt für eine Interpretation Platons in Betracht) –, die Zeugnis davon geben, daß Platon in der Akademie bestimmte Auffassungen diskutiert hat, die sich so in den Dialogen nicht finden. Sie deuten vor allem auf ein zunehmendes Interesse an Mathematik und einer mathematischen Interpretation der Ideen. Ausgehend von diesen allerdings recht fragmentarischen Texten haben die Tübinger Platoninterpreten nun ein komplexes philosophisches System zu rekonstruieren versucht, innerhalb dessen die Fragmente verständlich werden sollen. Inhaltlich ist es ein philosophisches System, in dem die ganze Wirklichkeit aus zwei Prinzipien, dem Einen und der unbegrenzten Zweiheit, abgeleitet wird. Der Hinweis der Interpreten auf Platons esoterische Lehre in der Akademie und das rekonstruierbare Ableitungssystem ist insofern berechtigt, als es auf Überlegungen Platons hinweist, die sich in dieser Form in den Dialogen nicht finden. Problematisch an der These der Tübinger ist aber u. a., daß sie – in unterschiedlicher Schärfe – der Auffassung sind, Platons *gesamtes* Schaffen ließe sich sinnvoll von diesem Ableitungssystem her verstehen. Schon hinter den aporetischen Definitionsdialogen stehe, wenn auch in weniger differenzierter Form, Platons philosophisch-dogmatisches System. Einer der Hauptvertreter dieser Platoninterpretation, Hans Joachim Krämer, behauptet, daß die Dialoge nichts weiter als Werbeschriften seien, die Platon für die Athener geschrieben habe. Die Dialoge ließen Fragen offen, und wenn man die Antworten wissen wolle, dann müsse man in die Akademie zu Platons Unterricht gehen. In einer weniger radikalen Form vertreten andere Anhänger der Tübinger Schule die These, daß die esoterische Lehre Platons die Antworten auf die in den späten Dialogen offengelassenen Fragen enthalte, gerade ebenso wie man die Ideenlehre der mittleren Dialoge als eine Antwort auf die Aporien der frühen Dialoge verstehen könne. Gegen die Tübinger wird vor allem zu Recht eingewandt, daß offen sei, ob sich mit Hilfe der Fragmente, die wir über einige von Platons mündlich in der Akademie vorgetragenen Auffassungen haben, wirklich Platons eigene Auffassungen rekonstruieren lassen. Fraglich ist auch, ob ihre außerordentlich komplexe und detailreiche Rekonstruktion eines Ableitungssystems überhaupt sinnvoll, geschweige denn notwendig ist, um die Fragmente zu verstehen. In den späten Dialogen zeigt sich durchaus Platons zunehmendes Interesse an Fragen, die mit einer mathematischen Beschreibung der Wirklichkeit verbunden sind. Insofern verwundert es nicht, daß die Textfragmente über Platons esoterische Lehre sich vor allem mit einer mathematischen Interpretation der Wirklichkeit befassen. Es scheint ein sinnvolleres Forschungsprojekt, von den Spätdialogen her die Fragmente zu verstehen zu versuchen, als die Fragmente unabhängig von den Dialogen zu betrachten, ein philosophisches System zu entwickeln, das die Fragmente integriert, und dieses System dann als die eigentliche Philosophie Platons auszugeben.

5. Von der Definition zu den Ideen

a) Der Ausgangspunkt: Sokrates' Frage nach einer Tugend

Wenn man verstehen will, was ein Philosoph geschrieben hat, dann muß man zunächst verstehen, auf welches Problem er eigentlich mit seiner Philosophie eine Antwort geben wollte. Ohne das Problem zu verstehen, hängt jede philosophische These in der Luft. Das trifft auch auf Platon zu: Wenn wir verstehen wollen, was Platon veranlaßt hat, von Ideen zu sprechen, dann müssen wir die sachlichen Probleme verstehen, die Platon zur Annahme von Ideen bewogen haben. Wir werden sehen, daß sich Platons Philosophie aus den Fragen und Problemen heraus entwickelt, die Sokrates gestellt und diskutiert hat, und daß sich Platons sogenannte Ideenlehre am besten als konsequente philosophische Weiterentwicklung der Sokratischen Frage nach der Definition einer Tugend verstehen läßt.

In der *Apologie* ist uns folgende Episode überliefert, die deutlich macht, was Sokrates motiviert hat, mit den Bürgern Athens philosophische Gespräche zu führen: Ein Freund von Sokrates sei einst nach Delphi gekommen und habe das Orakel befragt, wer der weiseste Mensch sei. Das Orakel habe geantwortet, es sei Sokrates (*Apol.* 20e6–21a7). Sokrates, so erfahren wir, habe das Orakel nicht verstanden, denn er sei sich bewußt gewesen, gar nicht weise zu sein; er wisse nichts Sicheres, vor allem nichts, was die wesentlichen Fragen des menschlichen Lebens betrifft – Fragen, die damit zusammenhängen, wie man so leben soll, daß man ein gutes und glückliches Leben führt. Um den Orakelspruch zu verstehen, geht

Sokrates zu verschiedenen Bürgern, die in Athen angesehen sind und im Ruf stehen, weise zu sein. Er fragt sie danach, was das gute und glückliche Leben ist. In diesen Gesprächen macht er immer die gleiche Erfahrung: Die angesehenen Männer Athens bilden sich zwar ein, sie seien weise und wüßten genau, wie man gut und glücklich lebt; bei näherem Nachfragen zeigt sich aber, daß sie die Fragen, die Sokrates ihnen stellt, nicht beantworten können. Sie wissen ebensowenig wie Sokrates, was das gute Leben ist, sie sind ebensowenig weise wie dieser und stehen in gewisser Hinsicht sogar noch unwissender da. Während Sokrates sich zumindest nicht einbildet, weise zu sein, und sich der Grenzen seines Wissens sehr wohl bewußt ist, leben die sogenannten ‚weisen' Männer in einer offensichtlichen Selbsttäuschung über ihren eigenen Zustand. Durch diese Erfahrung, die er immer wieder mit seinen Gesprächspartnern macht, erkennt Sokrates, wie der Spruch des Orakels zu verstehen ist: Er ist deswegen weiser als die anderen Menschen, weil er sich im Unterschied zu ihnen seines eigenen Nichtwissens bewußt ist.

In seinen frühen aporetischen Definitionsdialogen zeigt uns Platon einen Sokrates, der sich mit seinen Gesprächspartnern nicht immer unmittelbar darüber unterhält, was das gute und glückliche Leben ist, sondern darüber, wie eine bestimmte Tugend, z. B. die Gerechtigkeit oder die Frömmigkeit, zu definieren ist. Der Zusammenhang der Frage nach dem guten Leben und der nach der Definition einer Tugend ist nicht unmittelbar verständlich, denn wenn jemand heute darüber nachdenken wollte, was das gute Leben ist und wie sein Leben gelingen kann, dann läge es ihm wahrscheinlich fern, nach der Definition einer Tugend zu fragen; uns scheinen andere Fragen viel wichtiger zu sein, beispielsweise die Frage, wie unsere Beziehungen zu anderen Menschen glücken können oder was für einen Beruf wir ergreifen sollen. Im Griechischen ist der Zusammenhang zwischen der Frage nach dem guten Leben und der nach einer Tugend viel unmittelbarer gegeben. Um diesen Zusammenhang zu verstehen, sei zunächst das griechische

Verständnis von Tugend skizziert, um daran anschließend den sachlichen Zusammenhang zwischen der Frage nach dem guten, glücklichen Leben und der Definition einer Tugend deutlich zu machen.

Unser heutiger Begriff der Tugend, der leicht etwas bieder und konservativ klingt, unterscheidet sich vom Begriff der Tugend in der Antike. Das griechische Wort, das wir gewöhnlich mit ‚Tugend' übersetzen, heißt *aretē*. Das Wort *aretē* leitet sich vom griechischen Wort für ‚gut', *agathos*, ab. Wenn man *aretē* wörtlich übersetzen wollte, wäre die ‚Gutheit' oder in bestimmten Fällen auch die ‚Bestheit' wohl die treffendste Übersetzung. Diese Gutheit, die Tugend also, läßt sich im Griechischen nicht nur von einem Menschen aussagen, sondern von allem, was eine Funktion oder eine Aufgabe erfüllt und diese Funktion oder Aufgabe dadurch unterschiedlich gut erfüllen kann, daß es in verschiedenen Zuständen, Verfassungen oder Dispositionen ist. So kann ein Grieche beispielsweise davon sprechen, daß ein Messer oder die Augen eine Tugend haben. Die Tugend eines Messers besteht darin, daß es gut schneidet, und die Tugend der Augen darin, daß sie gut sehen. Was nun die Tugend eines Menschen ist, läßt sich analog zu diesen Beispielen bestimmen. So wie das Messer die Aufgabe hat zu schneiden und die Augen die Aufgabe zu sehen, so hat der Mensch die Aufgabe, sein Leben zu führen. So wie das Messer und die Augen diese Aufgabe unterschiedlich gut erfüllen können, je nachdem, in welchem Zustand sie sich befinden, so kann auch der Mensch sein Leben unterschiedlich gut leben, je nachdem, in welchem Zustand er sich befindet. Der gute Zustand des Menschen, seine eigentliche Tugend, ist das gute Leben. Dieses gute Leben differenziert sich in die verschiedenen Tugenden, insbesondere die vier klassischen Kardinaltugenden: die Gerechtigkeit, die Klugheit, die Tapferkeit und die Besonnenheit (oder Selbstbeherrschung). Es gab in der Antike eine differenzierte Diskussion darüber, ob es genügt, tugendhaft zu sein, um nicht nur ein gutes, sondern auch ein glückliches Leben zu führen, oder ob für ein glückliches Leben nicht noch andere Dinge, wie beispielsweise Gesundheit oder Geld notwendig sind. Sokrates selbst scheint der Auffassung gewesen zu sein, daß derjenige, der gerecht, klug, tapfer und besonnen ist, bereits das beste Leben lebt, das ihm als Mensch möglich ist. Deswegen ist er auch unabhängig davon, ob er irgendwelche anderen Güter hat, glücklich zu nennen. Andere Philosophen, beispielsweise Aristoteles, haben darauf hingewiesen, daß zum guten Leben zwar die Tugenden ausreichen mögen, man aber nur dann auch ein glückliches Leben lebt, wenn zusätzlich zu den Tugenden noch andere Dinge hinzukommen. Wie Platon zu diesem Problem gestanden hat, wird aus den Dialogen nicht immer hinreichend deutlich.

Noch ein weiterer Aspekt ist wichtig, wenn man Sokrates' Frage nach der Definition einer Tugend nicht mißverstehen will. Man könnte meinen, es sei vielleicht plausibel, daß jemand nur dann ein gutes und glückliches Leben lebe, wenn er über die verschiedenen Tugenden verfüge, aber was helfe es dabei, die Definition einer Tugend zu wissen? Sokrates' Frage nach der Definition einer Tugend sei, so könnte man meinen, vielleicht theoretisch interessant, praktisch aber ohne großen Nutzen, denn in unserem Leben komme es darauf an, tugendhaft zu *leben,* und nicht darauf, zu *wissen,* was eine bestimmte Tugend sei. Ein solcher Einwand übersieht aber, daß die Unterscheidung zwischen einem (theoretischen) Wissen um die Bestimmung einer Tugend und dem (praktischen) tugendhaften Leben nur bedingt sinnvoll ist. Wenn das Glück eines Menschen davon abhängt, daß er tugendhaft lebt, dann hängt das Glück auch davon ab, daß er sich nicht darüber im Irrtum befindet, worin denn nun das tugendhafte Leben besteht. Wenn jemand beispielsweise aufgrund einer falschen Auffassung über die Gerechtigkeit bestimmte Handlungen für gerecht hält, die gar nicht gerecht sind, dann wird er dementsprechend falsch handeln und dadurch sein eigenes Glück unmöglich machen. Sokrates' und Platons Frage nach der Definition einer Tugend ist also keine bloß theoretische und abstrakte Frage, sondern unmittelbar relevant für die Frage, wie ein menschliches Leben gelingen kann.

b) Die aporetischen Definitionsdialoge am Beispiel des *Euthyphron*

In seinen frühen Dialogen knüpft Platon an Sokrates' Art und Weise an, philosophische Fragen zu stellen und Probleme aufzuwerfen. In der Forschung wird immer wieder diskutiert, was man aus den frühen Dialogen dem historischen Sokrates zuschreiben kann und was Platons eigenständige philosophische Weiterentwicklung ist. Dabei ist kaum umstritten, daß es Sokrates gewesen ist, der die Frage nach der Definition einer Tugend gestellt hat, und daß die sogenannte Ideenlehre, die sich ausgearbeiteter in den mittleren Dialogen findet, von Platon stammt. Umstritten ist aber, wo genau die Grenze zu ziehen ist, denn in vielen frühen Dialogen finden sich schon einzelne Elemente der Ideenlehre der mittleren Dialoge. So verständlich nun aber der Wunsch der Philosophiehistoriker nach einer genauen Unterscheidung zwischen frühen – sokratischen – und späteren – platonischen – Dialogen auch sein mag, so unmöglich ist es, diese Unterscheidung genau durchzuführen. Die Person des Sokrates ist in *allen* Dialogen Platons eine Kunstfigur. Schon diejenigen Dialoge, in denen sich mit größerer Sicherheit etwas vom ‚historischen' Sokrates fassen läßt (vor allem in der *Apologie* und im *Kriton*), sind von Platon nicht mit der Absicht geschrieben worden, Sokrates historisch zutreffend zu porträtieren. Platons aporetische Definitionsdialoge deuten alle bereits auf eine Problemstellung hin, die dann in den mittleren Dialogen wieder aufgenommen wird. Wieweit Platon in seinen frühen Dialogen also bereits produktiv Sokrates' Fragen weitergeführt hat, läßt sich nicht mehr mit Sicherheit feststellen.

Als ein gutes Beispiel für die Fragestellung der aporetischen Definitionsdialoge bietet sich Platons *Euthyphron* an. *Euthyphron* ist wohl der erste Dialog, in dem Platon das Wort ‚Idee' in einem philosophischen Sinn verwendet. In diesem Dialog unterhält sich Sokrates mit dem Priester Euthyphron. Ein Priester hatte im damaligen Athen keine besondere Ausbildung. Das Amt des Priesters war ein Ehrenamt, in das jemand gewählt wurde. Zu Beginn des Dialoges wird uns geschildert, daß Euthyphron gerade dabei ist, seinen eigenen Vater wegen Totschlags anzuklagen. Hinter seiner Anklage steht folgender Sachverhalt: Ein Tagelöhner, den sein Vater eingestellt hatte, hat im betrunkenen Zustand einen Knecht des Vaters erschlagen. Der Vater wirft den Tagelöhner in eine Grube, holt sich in Athen Rat, was zu tun sei, und vergißt in der Zwischenzeit, sich um den Tagelöhner zu kümmern. Die Folge ist, daß dieser in der Grube vor Hunger, Durst und Kälte stirbt. Um dieses Unrecht zu vergelten, will Euthyphron seinen Vater vor Gericht bringen. Wir erfahren, daß Euthyphrons Verwandte und Freunde entsetzt auf sein Vorhaben reagiert haben. Sie halten Euthyphron für wahnsinnig. Euthyphron aber fühlt sich gerechtfertigt und meint, seine Verwandten hätten im Unterschied zu ihm keine Ahnung, was wirklich *hosios* sei und was nicht (*Euthphr.* 2a1–5c8). Für das griechische Wort *hosios* gibt es im Deutschen keine treffende Übersetzung. Es bezeichnet ein Verhalten, das nicht nur in bezug auf die menschliche Gemeinschaft gerecht und richtig ist, sondern auch in bezug darauf, wie die Götter wollen, daß die Menschen miteinander leben. Mit bezug auf die Götter wird das Verhalten dann nicht nur ‚gerecht‘, sondern eben *hosios* genannt. Meist wird *hosios* mit ‚fromm‘ übersetzt, und die Übersetzung ist auch unproblematisch, solange man sich vergegenwärtigt, daß damit keine innerliche Haltung, sondern ein solches Verhalten den Menschen gegenüber gemeint ist, das den Göttern gefällt, weil es richtig ist.

Nach dieser Einleitung folgt ein Gespräch zwischen Sokrates und Euthyphron, das charakteristisch für die frühen Dialoge ist (*Euthphr.* 5c8–6a6). Normalerweise würde man erwarten, daß sich beide nun darüber unterhalten, ob es wirklich richtig und fromm ist, den eigenen Vater anzuklagen, und ob Euthyphron dabei nicht ganz wesentliche Gesichtspunkte übersieht, wie beispielsweise die Tatsache, daß es griechischen Moralvorstellungen zufolge zu den schlimmsten Verbrechen eines Menschen gehört, seine eigenen Eltern anzuklagen. Insofern sei es geradezu absurd anzunehmen, daß Euthyphrons Anklage den Göttern gefallen und so *hosios* sein könnte. Sokrates aber reagiert völlig anders. Ihn interessiert nicht mehr das konkrete moralische Problem. Er tritt gleichsam einen Schritt zurück und fragt seinen Gesprächspartner, was denn das Fromme eigentlich sei. Als Fachmann in göttlichen Sachen, als der sich Euthyphron ausgibt, müßte er es ja eigentlich wissen.

Euthyphron ist um Antworten nicht verlegen. Seine erste Antwort: Fromm ist, was ich jetzt tue, nämlich einen Verbrecher zu verfolgen. Euthyphron begründet diese Antwort mit einem Hinweis auf den Mythos von der brutalen Ermordung des Uranos durch seinen Sohn Zeus. Zeus selber habe auch seinen Vater gefesselt, weil dieser Unrecht getan habe. Wenn er nun seinen eigenen Vater anklage, dann folge er dem Vorbild von Zeus. Sokrates reagiert zunächst einigermaßen überrascht darüber, daß Euthyphron so kritiklos diesem Mythos Glauben schenkt. Sein eigentlicher Einwand gegen Euthyphrons Antwort lautet aber anders. Euthyphron habe offensichtlich nicht verstanden, was er gefragt habe. Er wollte nicht wissen, welche Handlungen man fromm nennen könne. Er wollte wissen, was das Fromme sei. Die Frage nach dem, was das Fromme ist, könne man aber nicht dadurch beantworten, daß man ein Beispiel dafür gebe, was fromm ist.

c) Instrumente der philosophischen Analyse

Auch wenn dieser Einwand von Sokrates zunächst ganz harmlos klingen mag, so wird sich zeigen, daß er alles andere als unproblematisch und voraussetzungslos ist. Um den philosophischen Sprengstoff hinter diesem Einwand herauszuarbeiten, müssen wir zunächst etwas ausholen und uns dabei auch mit einigen Grundbegriffen der philosophischen Analyse vertraut machen, die es uns nicht nur erlauben, das philosophische Problem, um das es im

Euthyphron geht, genauer und klarer in den Blick zu nehmen, sondern die auch von ganz grundsätzlicher Bedeutung für ein Verständnis von Platons Philosophie sind.

Es gehört zu den unhintergehbaren Grundüberzeugungen unseres Wirklichkeitsverständnisses, daß es in unserer Welt Gegenstände, Lebewesen oder Handlungen gibt, die bestimmte Eigenschaften haben können. Dieses Wirklichkeitsverständnis zeigt sich in der Art und Weise, wie wir über Gegenstände, Lebewesen oder Handlungen sprechen. In einem einfachen prädikativen Satz sprechen wir – ganz unabhängig davon, ob der Satz wahr oder falsch ist – einem Subjekt, das für einen Gegenstand, ein Lebewesen oder eine Handlung steht, ein Prädikat zu, das für eine Eigenschaft steht. So sagen wir beispielsweise ‚dieser Whiskey ist gut‘ oder ‚Sokrates ist kahl‘ oder ‚seinen Vater anzuklagen, wenn er einen Tagelöhner in der Grube hat verhungern lassen, ist fromm‘. Was dabei in der philosophischen Fachterminologie als Prädikat bezeichnet wird, unterscheidet sich – aus Gründen, die darzulegen zu weit führen würde – von dem, was die meisten Grammatiken als Prädikat bezeichnen, denn als Prädikat gilt nicht das Verb eines Satzes, sondern vor allem das als Prädikatsnomen gebrauchte Adjektiv bzw. das Prädikatsnomen zusammen mit dem Hilfsverb ‚ist‘. Die Prädikate ‚gut‘, ‚kahl‘ und ‚fromm‘ lassen sich im Griechischen ebenso wie im Deutschen durch den bestimmten Artikel im Neutrum substantivieren, so daß wir ‚das Gute‘, ‚das Kahle‘ oder ‚das Fromme‘ erhalten. Wenn Platon nach der Definition einer Eigenschaft fragt, dann gebraucht er an vielen Stellen diese Form des durch den bestimmten Artikel im Neutrum substantivierten Prädikats.

Eine Definition muß, wenn sie richtig ist, bestimmte formale Kriterien erfüllen. Diese Kriterien seien an einem unkontroversen Beispiel, der Definition eines Junggesellen erläutert. Wenn jemand fragt, was ein Junggeselle ist, dann fragt er nach der Definition des Begriffs. Eine Definition hat die Form: „F = p", wobei ‚F‘ für den Begriff steht, der definiert werden soll (also ‚ein Junggeselle‘) und

‚p' für einen meist komplexeren sprachlichen Ausdruck, durch den F definiert wird und den man die *Definitionsformel* für ‚F' nennt (also ‚ein unverheirateter Mann'). Durch das Gleichheitszeichen ‚=' wird ausgedrückt, daß sich in allen Fällen, in denen die Definition richtig ist, ‚F' in allen Sätzen, in denen ‚F' vorkommt, ohne jeden Bedeutungsverlust durch ‚p' ersetzen läßt und umgekehrt. So ist beispielsweise die Definition eines Junggesellen als ein unverheirateter Mann richtig, weil sich in allen Sätzen, in denen ‚Junggeselle' vorkommt, dieses Wort ohne irgendeinen Bedeutungsunterschied durch ‚unverheirateter Mann' ersetzen läßt und umgekehrt. Sowohl ‚F' als auch die Definitionsformel ‚p' beziehen sich, wenn die Definition richtig ist, auf ein und denselben Gegenstand.

Noch eine weitere Unterscheidung spielt für die Argumentation im *Euthyphron* eine wichtige Rolle, die Unterscheidung zwischen der Extension und der Intension eines Prädikats. Unter der *Extension* eines Prädikats versteht man den Umfang des Prädikats, und d. h. alles das, von dem sich das Prädikat wahrheitsgemäß aussagen läßt. Man könnte auch sagen, daß die Extension eines Prädikats die Menge der Dinge ist, auf die das Prädikat zutrifft; die Extension des Prädikats ‚das Kahle' beispielsweise umfaßt alle Menschen, die wirklich kahl sind (vielleicht auch einige Tiere, wenn wir beispielsweise davon sprechen wollen, daß Schafe nach der Schur kahl sind). Die Extension des Prädikats ‚das Gute' würde alles das umfassen, von dem sich wahrheitsgemäß aussagen läßt, daß es gut ist. Von der Extension eines Prädikates ist die Intension zu unterscheiden. Die Intension ist die *Bedeutung* des Prädikats, die wir in der Definitionsformel des Prädikats bestimmen. Die Intension von ‚das Kahle' wäre, keine Haare auf dem Kopf zu haben. Die Intension von ‚das Gute' wäre das, was es heißt, gut zu sein.

d) Die Einführung der Idee im *Euthyphron*

Mit der Unterscheidung zwischen der Extension und der Intension eines Prädikates läßt sich nun klarer bestimmen, welchen Fehler Euthyphron bei der Beantwortung der Frage nach dem Frommen gemacht hat. Sokrates' Frage galt der Intension des Prädikats. Er wollte wissen, was es bedeutet, daß etwas fromm ist. Euthyphron gab als Antwort ein Beispiel für etwas, das zur Extension gehört, d.h. ein Beispiel dafür, wovon sich seiner Meinung nach das Prädikat ‚fromm' wahrheitsgemäß aussagen läßt. Damit zeigt sich, daß Euthyphron nicht nur eine falsche Antwort gegeben, sondern auch Sokrates' Frage nicht verstanden hat. Um Euthyphron den Unterschied zwischen der Intension und der Extension zu erläutern (auch wenn sich diese Fachbegriffe bei Platon nicht finden), führt Sokrates den Begriff der Idee ein (*Euthphr.* 6d9–e7). Sokrates erklärt, seine Frage nach dem Frommen habe auf jenes *eidos* selbst gezielt, durch welches alles, was fromm ist, fromm ist; denn durch eine *idea* sei ja alles, was unfromm ist, unfromm und alles, was fromm ist, fromm. Diese *idea* nun wolle er wissen, damit er, indem er auf sie sähe, ein Vorbild, ein *paradeigma*, habe, das es ihm ermögliche, die Dinge, die fromm sind, von den Dingen, die unfromm sind, zu unterscheiden.

Die von Platon verwendeten Termini bedürfen einer Erklärung. Sowohl ‚*eidos*' als auch ‚*idea*' haben dieselbe Wortwurzel wie das griechische Wort für ‚sehen' und werden ohne jeden Bedeutungsunterschied gebraucht. Die *idea* und das *eidos* von etwas ist das, was man sieht, wenn man sich etwas anschaut, d.h. der Umriß, die Gestalt oder die Form, die ein Gegenstand hat. Im Deutschen hat es sich eingebürgert, ‚*idea*' und ‚*eidos*' mit ‚Idee' zu übersetzen, obwohl dabei leider der ursprüngliche Zusammenhang mit der sichtbaren Form und Gestalt eines Gegenstandes verlorengegangen ist. Wenn wir heute von einer Idee sprechen, dann meinen wir meist einen guten oder schlechten Einfall, den jemand (oft auch spontan) hat. Damit freilich hat das, was Platon unter einer Idee versteht, nichts zu tun. Die englischsprachige Literatur übersetzt *idea* und *eidos* mit ‚form' und kommt damit näher an die ursprüngliche Wortbedeutung heran.

Daß Platon für einen seiner wichtigsten philosophischen Begriffe sowohl *eidos* als auch *idea* gebraucht, ist für uns heutige Interpreten, die wir, wenn wir einen philosophischen Text lesen, eindeutige terminologische Festlegungen erwarten, überraschend. Es zeigt sich aber nicht nur im *Euthyphron*, sondern in allen Dialogen, daß Platon terminologische Fixierungen eher vermeidet. Für ein und dieselbe Sache finden sich immer wieder ganz verschiedene sprachliche Ausdrücke. Platon kann beispielsweise ohne Bedeutungsunterschiede von der ‚Idee des Frommen', von ‚dem Frommen an sich', von dem ‚Wesen des Frommen', von der ‚Natur des Frommen' oder einfach nur von ‚dem Frommen' sprechen. Er kann davon sprechen, daß das, was fromm ist, am Frommen teilhat, daß es Gemeinschaft mit dem Frommen hat oder daß es durch das Fromme fromm ist. Manchmal kommt es dabei zu Unklarheiten. Wenn Platon beispielsweise einfach nur von ‚dem Frommen' spricht, ist in manchen Passagen nicht immer ohne weiteres eindeutig zu entscheiden, ob er die Idee des Frommen oder diejenigen Handlungen, die fromm sind, meint.

Weil *eidos* und *idea* ursprünglich das ist, was man sieht, wenn man auf einen Gegenstand schaut, liegt es für Platon nahe, davon zu sprechen, daß man die *idea* von etwas *sehen* kann. Im *Euthyphron* spricht er davon, daß die Idee ein *paradeigma*, ein Urbild oder Vorbild ist, auf das jemand schauen muß, um zu entscheiden, ob eine bestimmte Handlung fromm ist oder nicht. Hinter dieser Metapher steht u. a. folgende Überlegung: Wenn jemand die Definition des Frommen kennt, dann hat er damit ein Kriterium, um zu entscheiden, ob eine bestimmte konkrete Handlung fromm ist oder nicht. Ohne das Kriterium zu kennen, läßt sich das konkrete moralische Problem nicht lösen. Die Suche nach der Definitionsformel des Frommen ist somit eine Voraussetzung zur Lösung des Konflikts zwischen Euthyphron und Sokrates. Erst wenn sich Euthyphron und Sokrates einig darüber wären, was das Fromme ist, ließe sich der Dissens darüber, ob die Anklage des Vaters fromm ist oder nicht, lösen.

e) Voraussetzungen der Frage nach der Idee

Wie wir gesehen haben, führte das konkrete moralische Problem, das Platon Sokrates mit Euthyphron diskutierten läßt, zunächst zur Frage nach der Definition einer bestimmten Tugend und dann zur Einführung der Idee. Das, was diese Idee näherhin sein soll, wird im *Euthyphron* noch nicht genauer bestimmt. Von der Idee des Frommen zu sprechen soll im Kontext des *Euthyphron* lediglich sicherstellen, daß die Frage nach der Definition des Frommen überhaupt auf irgend etwas zielt und keine sinnlose Frage ist. Mit der Rede von der Idee wird auf etwas verwiesen, von dem nur vage Annahmen gemacht werden. Eindeutig ist lediglich, daß die Idee das ist, was die Definitionsfrage beantwortet. Wer die Idee des Frommen kennt, der kennt die Bedeutung dessen, was es heißt, fromm zu sein. Andere Annahmen werden lediglich nahegelegt. So fragen wir, wenn wir nach dem Frommen fragen, beispielsweise nach etwas, das sich nicht verändert, das eines ist oder das zu kennen notwendig ist, um zu wissen, welche Handlungen fromm sind. Was aber eine solche Idee näherhin ist, ob sie beispielsweise irgendeine Art von Gegenstand ist, ob es eine Idee überhaupt gibt und was es bedeuten kann, daß es Ideen gibt, wird in den frühen Dialogen noch nicht diskutiert. Daß diese Frage nicht diskutiert wird, ist kein grundsätzlicher Fehler: Auch wir können in unseren Diskussionen über ethische Fragen bestimmte Ausdrücke wie beispielsweise ‚Gerechtigkeit' gebrauchen. Wir könnten beispielsweise der Auffassung sein, daß wir in einer Welt leben, in der es keine Gerechtigkeit gibt, aber dennoch der Meinung sein, daß das Wort ‚Gerechtigkeit' irgend etwas bezeichnet und wir auf irgend etwas Bezug nehmen, wenn wir beispielsweise bedauern, daß sich in unseren Tagen die Gerechtigkeit nirgends mehr findet oder wir der Auffassung sind, daß man in einer bestimmten Angelegenheit der Gerechtigkeit zum Sieg verhelfen sollte. Auch wir kämen in arge Schwierigkeiten, wenn man uns auffordern würde, deutlich zu machen, was wir in diesen Sätzen genau unter ‚Gerechtigkeit' verstehen und auf was für eine Art von Gegenstand wir mit dem Wort ‚Gerechtigkeit' referieren.

Platons Frage nach der einen Idee des Frommen ist voraussetzungsreicher, als es zunächst den Anschein haben mag. Auf zwei seiner Voraussetzungen sei im folgenden etwas ausführlicher eingegangen, weil dadurch das philosophische Programm deutlicher wird, das hinter der Annahme von Ideen ganz generell steht. Erstens beruht die Frage nach der einen Idee des Frommen auf der Voraussetzung, daß eine Idee ein objektiver Wert ist. Platons Frage wäre philosophisch mißverstanden, wenn man sie beispielsweise als Frage nach dem auffassen würde, was in Athen zur Zeit kurz vor Sokrates' Verurteilung gerade unter ‚fromm' verstanden wurde. Diese Objektivität der Idee setzt Platon nicht nur im *Euthyphron*, sondern in allen Dialogen, in denen er von Ideen spricht, voraus. Wenn er beispielsweise im *Gorgias* oder im *Staat* danach fragt, was die Idee der Gerechtigkeit ist, dann beruht diese Frage wiederum auf der Annahme, daß die Gerechtigkeit ein objektiver Wert ist, d.h. daß sich das, was gerecht ist, nicht relativ auf beispielsweise eine bestimmte Kultur oder eine Machtelite bestimmen läßt. Wenn Platon in diesen Dialogen die Thesen einiger Sophisten, die einen ethischen Relativismus vertreten (vgl. S. 29f.), widerlegt, dann lassen sich diese Widerlegungen als Argumente für die Objektivität der Idee der Gerechtigkeit verstehen.

Gegen die Annahme einer Objektivität von Werten könnte man einwenden, daß die Frage nach Werten immer nur auf dem Hintergrund einer bestimmten Kultur oder einer Zeitepoche sinnvoll gestellt werden könne. Wir könnten zwar fragen, was innerhalb einer bestimmten Kultur oder einer Zeitepoche oder von einer bestimmten Machtelite jeweils als Gerechtigkeit verstanden werde, nicht aber, was die Gerechtigkeit an sich sei. Wenn Platon gegenüber einer solchen Form des ethischen Relativismus voraussetzt, daß Werte nicht relativ, sondern in einer bestimmten Form objektiv sind, dann lassen sich für eine solche Annahme auch heute noch gute Argumente anführen. Faktisch setzen wir in vielen unserer Auseinandersetzungen über moralische oder ethische Fragen voraus, daß Werte objektiv sind. Solange wir der Auffassung sind, daß Werte lediglich der Ausdruck persönlicher Präferenzen oder Präferenzen einer Gruppe von Menschen sind, ist ein Streit über moralische Fragen sinnlos. Wenn wir miteinander streiten, ob eine bestimmte Handlung gerecht ist oder nicht, dann ist dieser Streit selbst nur unter der Voraussetzung möglich, daß die Gerechtigkeit in irgendeiner Form ein objektiver Wert ist. Wenn sich beispielsweise zwei Menschen darüber streiten, ob der Einmarsch der Chinesen in Tibet gerecht gewesen ist oder nicht, dann ist dieser Streit nur möglich, wenn beide Gesprächspartner davon ausgehen, daß die Lösung dieser Frage *nicht* darin bestehen kann, daß der Einmarsch nach einem chinesischen Verständnis der Gerechtigkeit zwar gerecht, nach dem tibetischen Verständnis der Gerechtigkeit aber ungerecht ist. Der moralische Dissens zielt vielmehr darauf, ob der Einmarsch der Chinesen, ganz unabhängig davon, wie man in China oder Tibet darüber denkt (und natürlich auch unabhängig von unseren ‚westlichen' Vorstellungen von Gerechtigkeit) gerecht ist oder nicht, ob es in einem objektiven, nicht-relativen Sinn richtig ist, was die Chinesen getan haben oder nicht.

Noch eine zweite, damit verbundene Annahme ist problematisch. Platon geht, wenn er nach dem *einen* Frommen fragt, durch das alle Handlungen fromm sind, davon aus, daß es so etwas wie eine *einheitliche* Bestimmung für alles, was fromm ist, gibt. Aber trifft diese Voraussetzung wirklich zu? Ein bekanntes Gegenbeispiel stammt aus Ludwig Wittgensteins *Philosophischen Untersuchungen*. Wittgenstein fragt in seiner Schrift, welche Vorgänge wir ‚Spiel' nennen (§ 66). Der entscheidende Punkt in seiner Argumentation ist, daß es eine einheitliche Bestimmung des Spiels gar nicht gibt, wir aber dennoch Kriterien haben, um zu entscheiden, ob etwas ein Spiel ist oder nicht. Es gibt viele Spiele, die miteinander bestimmte gemeinsame Eigenschaften aufweisen (z. B. daß sie Mannschaftsspiele sind oder daß es bei ihnen auf Gewinn ankommt oder daß sie zum Zeitvertreib gespielt werden usw.), aber es gibt keine einzige gemeinsame Eigenschaft, die *alle* Spiele miteinander teilen und die es uns erlauben würde, nach einer Definition *des* Spiels zu fragen. Weil die Frage nach der Definition des Frommen, so wie Platons sie versteht, die Frage nach den gemeinsamen Eigenschaften alles dessen, was fromm ist, ist, beruht die Frage auf Voraussetzungen, die Wittgenstein bestreiten würde. Ein solcher Einwand gegen Platons Frage nach der einen Idee von etwas übersieht allerdings, daß Platon an vielen Stellen in seinen Dialogen ausdrücklich auf Probleme hinweist, die mit der Mehrdeutigkeit und der Vielzahl von differenzierten Verwendungen ein und desselben Ausdrucks verbunden gewesen sind. Daß ein Ausdruck unterschiedlich verwendet wird, bedeutet noch nicht, daß die Suche nach einer einheitlichen Bedeutung sinnlos ist; es wäre etwa möglich, daß eine der Bedeutungen in dem Sinne privilegiert und fundamental ist, daß sich die anderen Bedeutungen des Ausdrucks jeweils in Beziehung auf die fundamentale Bedeutung des Ausdrucks bestimmen lassen. Weiterhin ist es für bestimmte Zwecke innerhalb einer Wissenschaft durchaus legitim, die Bedeutung von bestimmten Begriffen zu normieren, d. h. von der Mehrdeutigkeit, die diese Begriffe in unserer Alltagssprache haben, abzusehen; allerdings ist bei einer solchen Festlegung eines in der Alltagssprache mehrdeutigen Begriffs auf eine einzige Bedeutung darauf zu achten, daß aus der Normierung des Begriffs nicht wiederum neue Probleme entstehen und daß die normierte Bedeutung wirklich die möglichst relevante Bedeutung für die Fragestellung innerhalb der Wissenschaft ist.

f) Weitere Definitionsversuche im *Euthyphron*

Im *Euthyphron* folgt noch eine Reihe weiterer Definitionsversuche für das Fromme, die alle von Sokrates widerlegt werden. Zunächst meint Euthyphron, das Fromme sei das, was die Götter lieben. Sokrates widerlegt diese Definition mit dem Hinweis darauf, daß die Götter selbst ganz unterschiedliche Dinge lieben und sich darüber streiten, was gerecht und was ungerecht ist. So werde vielleicht Zeus, aber sicherlich nicht Uranos mit Euthyphrons Handlung zufrieden sein. Damit zeige sich, daß Euthyphrons Bestimmung falsch gewesen sei. Daraufhin verbessert Euthyphron sich: das Fromme sei das, was alle Götter lieben. Auch hier ergibt sich ein Problem. Die Götter haben einen *Grund* dafür, etwas zu lieben. Sie lieben nur das, was wirklich liebenswert ist. So wird von ihnen etwas zwar deswegen geliebt, weil es fromm und damit gottgefällig und richtig ist; es wäre aber falsch zu behaupten, daß etwas deswegen fromm ist, weil es von allen Göttern geliebt wird. Platon weist in einer logisch nicht ganz einfachen Argumentation darauf hin, daß die beiden Ausdrücke ‚was alle Götter lieben' und ‚das Fromme' zwar vielleicht extensionsgleich sind, aber eine unterschiedliche Intension haben. Dieser Unterschied läßt sich an einem Beispiel aus der neueren Diskussion über Extension und Intension verdeutlichen. Die beiden Ausdrücke ‚Lebewesen mit Niere' und ‚Lebewesen mit Leber' sind extensionsgleich, weil alle Lebewesen, die eine Niere haben, auch eine Leber haben und umgekehrt. Dennoch ist die Bedeutung, also die Intension, der beiden Ausdrücke verschieden, denn es ist etwas anderes zu behaupten, daß jemand eine Leber hat, als zu behaupten, daß er eine Niere hat. Ebenso sind nun die Ausdrücke ‚was alle Götter lieben' und ‚das Fromme' extensionsgleich, weil alle Götter das Fromme lieben und das Fromme das ist, was von allen Göttern geliebt wird. Beide Ausdrücke haben aber eine unterschiedliche Bedeutung, und dieser Bedeutungsunterschied wird dadurch deutlich, daß es zwar richtig ist zu sagen, daß alle Götter etwas lieben, weil es fromm ist, aber falsch ist, umgekehrt zu behaupten, daß etwas fromm ist, weil es alle Götter lieben[5]. Erneut ist ein Definitionsversuch widerlegt.

An dieser Widerlegung wird ein weiteres Charakteristikum der frühen Dialoge Platons deutlich. Die Dialoge sind logisch teilweise ziemlich kompliziert. Ohne eine genaue und manchmal mühsame Analyse der einzelnen Argumente sind sie kaum zu verstehen. Dabei entsteht die zusätzliche Schwierigkeit, daß Platon Sokrates teilweise Argumente in den Mund legt, die logisch nicht schlüssig sind. Das Problem der Interpretation dieser Argumente besteht darin, diese logischen Fehler zu deuten. Läßt Platon Sokrates diese logischen Fehler mit voller Absicht machen, und müssen wir Leser diese Fehler selbst herausfinden, um damit auch etwas über logische Regeln zu lernen? Hat Platon die Logik einfach zu wenig beherrscht, so daß ihm versehentlich immer wieder logische Fehler unterlaufen sind? Lassen sich die Argumente, die logisch fehlerhaft scheinen, vielleicht ganz anderes interpretieren, so daß sie, neu und anders verstanden, in sich doch schlüssig sind? Diese Fragen werden nach wie vor kontrovers diskutiert und können jeweils nur von Fall zu Fall entschieden werden. Dabei ist es insbesondere die englischsprachige Forschung, die sich seit dem letzten Drittel des 20. Jahrhunderts intensiver mit den logischen Problemen der frühen Dialoge beschäftigt hat. Wer sich Platons frühe Dialoge erarbeiten will, kommt an ihren differenzierten Studien nicht vorbei.

Wenn jemand Platons *Euthyphron* bis zu dieser Stelle gelesen hat, könnte er den Eindruck gewinnen, er sei mit seiner Suche nach dem, was das Fromme ist, kaum einen Schritt weitergekommen. Mit diesem Eindruck befände er sich aber im Irrtum. Zwar wissen wir immer noch nicht, was die Definitionsformel des Frommen ist, wir sind aber auf unserer Suche zumindest einen Schritt weiter, weil wir jetzt wissen, welche Antworten aus welchen Gründen falsch sind. So wissen wir beispielsweise, daß das From-

---

[5] Vgl. G. Patzig: *Logik in Platons „Euthyphron"*, in: ders.: Gesammelte Schriften, Bd. 3, Göttingen (1996), 55–72.

me nicht als das definiert werden kann, was alle Götter lieben. Zweitens haben wir viel allgemeiner einiges über die Kriterien gelernt, denen eine richtige Definitionsformel genügen muß. Wir wissen jetzt beispielsweise, daß man eine Definitionsfrage nie durch die Aufzählung von Beispielen beantworten kann oder daß wir darauf achten müssen, ob eine Antwort, in der beide Ausdrücke die gleiche Extension haben, wirklich die Definitionsfrage beantwortet. Alle aporetischen Definitionsdialoge Platons enthalten wie der *Euthyphron* nach einer Einleitung in einem ersten Teil verschiedene Versuche, das Wertprädikat, das in Frage steht, zu definieren. Sämtliche Versuche werden jeweils von Sokrates widerlegt. In dem letzten, meist längeren und komplizierter strukturierten Teil der Dialoge läßt Platon Sokrates und seinen Gesprächspartner eine Definitionsbestimmung diskutieren, die, grob gesagt, in die richtige Richtung weist, ihrerseits aber wiederum weitere Probleme aufwirft, so daß der Dialog dann ohne Ergebnis aporetisch endet. Auf der Ebene des Dialoges läßt Platon es dabei aus unterschiedlichen Gründen zum Abbruch des Gesprächs kommen. Im *Lysis* beispielsweise wird das Gespräch abgebrochen, weil es an Zeit fehlt, das Problem weiter zu diskutieren. Im *Euthyphron* bricht der Gesprächspartner den Dialog ab, weil er unwillig ist, sich weiter von Sokrates befragen zu lassen, und recht behalten will. Der *Charmides* endet mit einer sachlichen Schwierigkeit. Es wird deutlich, daß man die Definitionsfrage nicht unmittelbar beantworten kann, sondern zunächst auf andere, noch viel fundamentalere Fragen eine Antwort finden muß.

Die Frage, wie die Tatsache zu interpretieren ist, daß Platon die Definitionsdialoge aporetisch enden läßt, wird in der Forschung kontrovers diskutiert. Manche Interpreten weisen darauf hin, daß es unmöglich ist, ein Prädikat so zu definieren, daß eine Definition den Kriterien und Bedingungen, die Platon selbst in den Dialogen an eine Definition anlegt, gerecht wird. Von daher müßten alle Definitionsversuche notwendig scheitern. Interpreten der Tübinger Schule (vgl. S. 51 f.), die meinen, Platon habe bereits zu Beginn seiner philosophischen Karriere ein mehr oder weniger fertiges philosophisches System vertreten, tendieren zu der Auffassung, Platon habe gewußt, wie man die Aporien lösen kann. Dazu berufen sie sich auf die sogenannte Ideenlehre der mittleren Dialoge: Sie sei die Antwort auf die in den frühen Dialogen offengebliebenen Fragen. Diese Annahme verschiebt aber lediglich das Problem, denn so wie in den frühen Dialogen die Frage nach der Definition eines Wertbegriffs nicht vollständig beantwortet wird, so bleibt, wie wir noch sehen werden, auch in den mittleren Dialogen weitgehend unklar, wie Ideen erkannt werden können und ob das, was sich aus den mittleren Dialogen über die Ideen entnehmen läßt, einen wirklich in die Lage versetzt, die Definitionsfragen befriedigend zu beantworten. Außerdem ist es alles andere als klar, ob die Aporien der frühen Dialoge im Licht der Ideenlehre gelesen werden sollten, ob also Platon eine Ideenlehre vollständig ausgearbeitet hatte und sich anschließend Gedanken darüber gemacht hat, welche Probleme die Ideenlehre löst oder wie man die Athener, die die frühen Dialoge lesen, von der Einführung der Ideenlehre überzeugen kann[6], oder ob man nicht vielmehr umgekehrt die Konzeption der Ideen in den mittleren Dialogen von den sachlichen Problemen der frühen Dialoge her verstehen sollte. Diejenigen Interpreten, die wie die vorliegende Platondarstellung die Entwicklung in Platons Denken hervorheben, werden die Aporien eher in der Weise interpretieren, daß Platon einen Dialog an einem bestimmten Punkt abbricht, weil die Probleme, die er für eine befriedigende Antwort auf die Definitionsfrage hätte lösen müssen, zu komplex sind und neue philosophische Überlegungen erfordern. Platon skizziert ein Problem, er macht deutlich, welche Fragen beantwortet werden müßten, damit man das Problem wirklich lösen kann, aber er bringt keinen ausgearbeiteten Lösungsvorschlag. Dabei ist es vor allem *ein* Problem, dessen Lösung immer drängender wird: Die Frage nach der Definition des Guten.

---

[6] So C. Kahn: *Plato and the Socratic Dialogue*, Cambridge 1996

6. Die Aspekte der Idee des Guten

a) Das Wissen um das Gute als Voraussetzung für die Bestimmung der Tugenden

Charakteristisch für einige frühe Dialoge ist, daß sich eine Antwort auf die in diesen Dialogen gestellte Definitionsfrage nur dann finden läßt, wenn zuvor bestimmt wird, was das Gute ist. So wird beispielsweise im *Charmides* deutlich, daß wir, ohne das Gute zu bestimmen, die Besonnenheit nicht bestimmen können; am Ende des *Lysis* wird offenkundig, daß ohne ein Verständnis des Guten ein Verständnis von Freundschaft unmöglich ist. Im *Euthydemos* legt Platon dar, daß man verstehen muß, was das Gute ist, um zu verstehen, inwiefern sich ein wahrer Philosoph, der weiß, was das Gute ist, von einem Sophisten unterscheidet, der dieses Wissen nicht hat. Die frühen Dialoge geben auf die Frage nach dem, was das Gute ist, keine Antwort. Sie entwickeln lediglich eine Fragestellung und deuten auf mögliche Antworten hin. Erst im *Staat* wendet sich Platon ganz ausdrücklich der Frage nach dem Guten zu.

Warum die Frage nach der Definition einer Tugend zur Frage nach der Bestimmung des Guten führt, läßt sich am Beispiel des *Charmides* verdeutlichen. Im ersten Teil dieses Dialoges läßt Platon Sokrates ein Gespräch mit Charmides, einem Jungen von vielleicht 14 Jahren, führen. Charmides hat ein Problem: Er leidet öfter unter heftigen Kopfschmerzen. Sokrates verspricht Hilfe. Er kenne ein Mittel gegen den Schmerz, das Blatt einer Pflanze, aber es sei unmöglich, körperliche Schmerzen zu heilen, ohne daß die Seele zuvor geheilt werde. Die Seele werde aber durch Gespräche geheilt, weil durch Gespräche die Seele besonnen werde, und es sei diese Besonnenheit, die die Seele heile. Als ein weiterer Gesprächsteilnehmer einwendet, Charmides sei bereits besonnen, fordert Sokrates den Jungen auf zu sagen, worin denn die Besonnenheit bestehe, denn wenn er selbst besonnen sei, dann habe er eine Art innerer Wahrnehmung von seiner Besonnenheit und könne sich dadurch eine Auffassung darüber bilden, was die Besonnenheit sei (*Chrm.* 155e2–159b2). Darauf gibt Charmides drei Antworten, die – ähnlich wie die Antworten, die Euthyphron im gleichnamigen Dialog gegeben hat – von Sokrates jeweils widerlegt werden. Es ist Charmides' zweiter Antwortversuch, der in unserem Zusammenhang von Interesse ist (*Chrm.* 160d5–161b1). Charmides behauptet, Besonnenheit sei eine Scham. Die Besonnenheit bewirke nämlich, daß ein Mensch sich schäme, und wer sich schäme, der sei wohl besonnen. Sokrates widerlegt diese These mit Hilfe des Begriffs des Guten. Zunächst läßt er sich von Charmides die Zustimmung dazu geben, daß Besonnenheit etwas Gutes ist. Nun gebe es aber Fälle, in denen Menschen auf eine Situation mit Scham reagierten, bei der die Scham ganz unangemessen sei. In diesen Fällen sei Scham also offensichtlich nichts Gutes, sondern etwas Schlechtes, eine inadäquate Reaktion. Wenn es nun richtig wäre, daß die Besonnenheit eine Scham sei, dann sei auch die Besonnenheit manchmal etwas Schlechtes. Daß die Besonnenheit etwas Schlechtes sei, widerspreche aber der Ausgangsvoraussetzung, der Charmides zugestimmt hatte. Also könne die These, Besonnenheit sei eine Scham, nicht richtig sein. Es gibt für den Leser dieser Widerlegung keinen Grund daran zu zweifeln, daß Platon selbst der Auffassung gewesen ist, Charmides habe eine falsche These vorgetragen, die von Sokrates korrekt widerlegt wird. Daran, daß Besonnenheit etwas Gutes ist, kann kein Zweifel bestehen, denn die Besonnenheit ist eine der vier klassischen Tugenden und das, was eine Tugend ist, ist eine Bestheit, also etwas Gutes (vgl. S. 57).

Wie wir sehen, läßt Platon Sokrates den Begriff des Guten an dieser Stelle einführen, um Charmides' Definitionsversuch zu widerlegen. Ähnlich werden mit Hilfe des Begriffes des Guten auch in anderen frühen Dialogen bestimmte Definitionsversuche widerlegt. So gibt der Feldherr Laches im gleichnamigen Dialog auf die Frage, was Tapferkeit sei, die Antwort, Tapferkeit sei eine Art Beharrlichkeit der Seele. Sokrates wendet ein, daß es Formen der Beharrlichkeit gebe, die nicht angemessen, also schlecht seien. Nur die vernünftige Beharrlichkeit sei gut. Deswegen könne die Tapferkeit nicht einfach eine Art Beharrlichkeit der Seele sein (*Lach.* 192b9–d12).

Noch ein weiterer Aspekt ist zum Verständnis der Frage nach dem Guten relevant. Die Begriffe, die Platon in den aporetischen Frühdialogen definieren läßt, sind Begriffe von Tugenden, d.h. Formen von Gutheit bzw. Bestheit. Wenn nun beispielsweise die Besonnenheit oder die Tapferkeit Tugenden sind, dann ist für deren Verständnis das Verständnis davon, was eine Tugend ist, unerläßlich. Wer nicht versteht, was eine Tugend ist, kann auch nicht verstehen, was Besonnenheit oder Tapferkeit ist. Weil aber eine Tugend eine Gutheit ist, eine Gutheit aber nur verstanden werden kann, wenn verstanden wird, was das Gute ist, hängt das Verständnis einer Antwort auf die Frage nach der Definition einer bestimmten Tugend aus sachlichen Gründen von einem Verständnis des Guten ab. Ohne ein Wissen darum, was das Gute ist, kann es kein Wissen um eine bestimmte Tugend geben.

b) Das Gute und das letzte Ziel allen Strebens

Einen weiteren Zugang zu dem, was das Gute ist, diskutiert Platon u. a. im *Lysis*. Dort untersucht er, was die Behauptung, etwas sei gut, eigentlich impliziert (*Lys.* 218c5–220b7). Platon läßt Sokrates zunächst die These vertreten, daß von allem, was gut genannt wird, gilt, daß es in irgendeiner Form erstrebenswert ist. Das ist plausibel: Wenn jemand beispielsweise der Auffassung ist, daß

Aspirin gut gegen Kopfschmerzen ist, dann wird er, wenn er Kopfschmerzen hat, Aspirin einnehmen wollen. In philosophischer Fachsprache können wir sagen, daß Aspirin für ihn ein Gut ist, das er anstrebt. An diesem Beispiel wird deutlich, daß die Auffassung darüber, daß etwas ein Gut ist, das Streben nach dem Gut *begründet*. Immer dann, wenn jemand etwas anstrebt, tut er es, weil er der Auffassung ist, das, was er anstrebt, sei in irgendeiner Form ein Gut und sei wert, angestrebt zu werden.

In diesem Zusammenhang kann nun aber ein Problem entstehen, auf das Platon in verschiedenen Dialogen aufmerksam macht. Nicht von allem und jedem, das irgend jemand anstrebt, wären wir bereit einschränkungslos zuzugeben, daß es *wirklich* ein Gut ist. Wir wissen, daß sich jemand in dem, was er für ein Gut hält, irren kann. Wenn jemand beispielsweise der Auffassung ist, das beste Mittel gegen einen Kater am Morgen nach einer durchzechten Nacht sei es, weiter Whiskey in großen Mengen zu sich zu nehmen, er also die Auffassung vertritt, daß Whiskey ein Gut (gegen morgendlichen Kater) ist, dann wird sich die erwünschte Wirkung, das Nachlassen der Übelkeit und der Kopfschmerzen, schwerlich einstellen. Er hat sich in seiner Einschätzung dessen, was gut ist, geirrt. Er hat etwas für ein Gut gehalten, das kein Gut gewesen ist.

Die verschiedenen Güter, die angestrebt werden, stehen weiterhin nicht beziehungslos nebeneinander, sondern sind durch eine Art Hierarchie miteinander verbunden. Es gibt Güter, die nur deswegen angestrebt werden, um durch sie ein anderes Gut zu erreichen. So ist beispielsweise Aspirin nur deswegen ein Gut, weil durch Aspirin die Gesundheit wieder hergestellt werden kann. Keiner wird Aspirin um seiner selbst willen einnehmen wollen. Den Wert, den eine bestimmte Medizin hat, hat sie dadurch, daß sie ein anderes Gut, die Gesundheit, ermöglicht. Wir verstehen den Wunsch, Aspirin zu nehmen, dadurch, daß wir einen ganz anderen Wunsch verstehen, nämlich den, gesund zu werden. Die Gesundheit ist im Unterschied zur Medizin aber ein Gut, das sowohl um seiner selbst willen als auch um anderer Güter willen angestrebt wird. Wir streben die Gesundheit um ihrer selbst willen an, weil wir der Auffassung sind, daß es gut ist, gesund zu sein. Wir streben die Gesundheit um anderer Güter willen an, weil wir dadurch, daß wir gesund sind, erst die Möglichkeit haben, andere Dinge zu tun, beispielsweise zu arbeiten. Auch die Arbeit ist also ein Gut. Ob es ein Gut ist, das um seiner selbst willen oder nur um etwas anderes willen angestrebt wird, hängt beispielsweise davon ab, ob die Arbeit an sich Freude macht. Für die meisten Menschen ist die Arbeit wohl deswegen ein Gut, weil durch die Arbeit ein anderes Gut erreicht wird, nämlich Geld verdient werden kann. Man will aber Geld verdienen, um dadurch andere Dinge zu ermöglichen, beispielsweise um eine eigene Familie ernähren zu können. Wie dieses Beispiel zeigt, stehen die verschiedenen Güter, die angestrebt werden, nicht beziehungslos nebeneinander, sondern in einem bestimmten Verhältnis zueinander. In der Philosophie spricht man von einer *teleologischen* Beziehung, d.h. von einer Beziehung auf ein bestimmtes Ziel (gr. *telos*) hin. In unserem Beispiel hätten wir eine Folge von Medizin → Gesundheit → Arbeit → Geldverdienen → Familienleben. Das letzte Ziel des Strebens nach Medizin wäre es, ein bestimmtes Gut zu erreichen, nämlich gut in einer eigenen Familie leben zu können. Der Wunsch danach, gut in der eigenen Familie zu leben, erklärt und begründet den Wunsch nach den anderen Gütern, nach Gesundheit, Arbeit und Geld.

Wie weit kann man nun jeweils nach einer Begründung dafür fragen, warum man etwas anstrebt? Wann hören die Fragen auf, beantwortbar zu sein? Läßt sich beispielsweise die Frage, warum man eine eigene Familie haben will, überhaupt noch beantworten? Platon ist der Auffassung, daß die Frage nach dem Sinn und Ziel von etwas irgendwann an ein Ende kommt, an dem man nicht mehr sinnvoll weiter ‚warum?' fragen kann (vgl. *Smp.* 204c7–205a4). Dieses Ziel ist das letzte Ziel des menschlichen Lebens, das gute, glückliche Leben. Die Frage, warum wir ein gutes, glückliches Leben führen wollen, ist eine sinnlose Frage, weil sie sich prinzipiell nicht beantworten läßt. In unserem Beispiel drückt sich im

Wunsch, eine eigene Familie zu haben, die eigene Vorstellung vom guten und glücklichen Leben aus. Dieses letzte Ziel ist das letzte, oberste Gut, das jemand anstrebt. Es ist eine, wenn auch nur formale und keine inhaltliche, Bestimmung dessen, was das Gute ist. Es ist nur eine formale Bestimmung, weil inhaltlich offen ist, was konkret für einen bestimmten Menschen das letzte Ziel, das Gute, ist. Offen ist auch, ob es so etwas wie ein objektives letztes Ziel gibt, so daß das gute und glückliche Leben für alle Menschen in einer relevanten Hinsicht dasselbe ist; man könnte auch weiter fragen, ob das Gute im wesentlichen in einer einzigen Sache oder einer Kombination von bestimmten Dingen besteht – auf diese Fragen geht Platon im vorliegenden Kontext nicht ein.

Die oben bereits skizzierte Schwierigkeit eines Irrtums in bezug auf das, was wirklich gut ist, ergibt sich auch hinsichtlich des Guten, d. h. hinsichtlich des letzten Ziels eines Menschen. Jemand kann beispielsweise der Auffassung sein, daß das gute und glückliche Leben darin besteht, gesund zu sein („Hauptsache gesund!"), möglichst viel Geld zu verdienen oder Karriere zu machen. Ein Irrtum in bezug auf das letzte Ziel ist insofern folgenschwerer als ein Irrtum bezüglich eines einzelnen Gutes, weil jemand dadurch, daß er sich im letzten Ziel irrt, sein eigenes Glück verfehlt. Wer sich dagegen lediglich darin irrt, daß er Whiskey für das geeignete Mittel gegen morgendlichen Kater hält, wird an der Wirkung des Whiskeys schnell merken, daß sein Urteil falsch gewesen ist. Ein Irrtum hinsichtlich des letzten Zieles ist nicht so unmittelbar deutlich, weil wesentlich mehr Faktoren für die Frage danach, warum sich das erhoffte gute und glückliche Leben nicht einstellt, zu berücksichtigen sind. Wer sich in bezug auf das letzte Ziel irrt, wird auf Dauer nicht glücklich, sondern unzufrieden sein. Für die Frage, ob es jemandem gelingt, ein gutes und glückliches Leben zu führen, hängt also Platon zufolge alles davon ab, daß er sich hinsichtlich des letzten Ziels nicht irrt und eine richtige Auffassung darüber hat, was das letzte Ziel, das Gute, sein kann und was nicht.

c) Die anthropologische Grundlage

Die Frage nach dem, was inhaltlich das letzte Ziel sein kann, läßt sich nicht beantworten, ohne zunächst eine andere Frage zu klären, nämlich die Frage danach, was eigentlich das Wesen des Menschen ist. Wir verlassen damit die frühen Dialoge (obwohl auf manche der folgenden Fragen und Probleme auch in den frühen Dialogen Antworten angedeutet werden) und wenden uns im folgenden den mittleren Dialogen, vor allem Platons *Staat*, aber auch dem *Phaidon* und dem *Symposion*, zu. Anders als in den frühen Dialogen entwickelt Platon in diesen drei mittleren Dialogen nicht so sehr eine Problem- und Fragestellung, sondern gibt über weite Strecken bestimmte Antworten auf die Fragen der frühen Dialoge mit Hilfe dessen, was man seine ‚Ideenlehre' genannt hat. Sokrates ist in den mittleren Dialogen nicht mehr derjenige, der seinen Gesprächspartnern Fragen stellt, sondern der Fragen, die ihm gestellt werden, beantwortet. Seine Gesprächspartner werden häufig darauf reduziert, „Aber gewiß doch, Sokrates", „Wie könnte es anders sein, Sokrates", „Ja natürlich, Sokrates" usw. zu sagen oder bestimmte Zwischenfragen zu stellen, die Sokrates dann Gelegenheit geben, auf weitere Probleme einzugehen oder seine Auffassungen zu vertiefen. Daß die Auffassungen, die Platon Sokrates vortragen läßt, weder dem historischen Sokrates noch ohne weiteres Platon selbst zugeschrieben werden können, ist im Zusammenhang mit der Diskussion über die Dialogform deutlich geworden (vgl. S. 45).

Körper und Seele im *Phaidon*

In verschiedenen Dialogen bestimmt Platon den Menschen als ein Wesen aus Körper und Seele. Die Seele ist u. a. das, was den Körper am Leben erhält. Sie ist das Prinzip des Lebens. Im *Phaidon*, demjenigen Dialog, der vom Sterben des Sokrates berichtet, läßt Platon Sokrates darlegen, daß sich im Augenblick des Todes die Seele vom Körper trennt. Was stirbt, ist nur der sterbliche Körper; die Seele aber ist unsterblich und verläßt den Körper im Tod (*Phd.* 63e8–69e4). Platon wird manchmal vorgeworfen, er habe einen Leib-Seele-Dualismus vertreten, in dem der Körper zugunsten der Seele abgewertet werde. Vertreter dieses Vorwurfs können sich auf bestimmte Aussagen im *Phaidon* berufen, in denen Platon tatsächlich vom Körper als dem Kerker der Seele spricht (*Phd.* 82d9–e7). Erst im Tod befreie sich die Seele aus ihrem Gefängnis. Weil sich ein Philosoph sein Leben lang um nichts als um seine Seele kümmere, blicke er dem Tod mit Freude entgegen, weil er mit dem Tod das Ziel seines Lebens erreiche: Die Loslösung vom Körper, der ihm zeit seines Lebens die Erkenntnis erschwert habe. Der Vorwurf eines Leib-Seele-Dualismus übersieht aber, daß Aussagen wie die, der Körper sei der Kerker der Seele, im *Phaidon* in einem bestimmten Kontext stehen. Sokrates ist kurz davor, den Schierlingsbecher zu trinken und zu sterben. Seine Hoffnung ist, daß nicht eigentlich er, d.h. nicht seine Seele, sondern nur sein Körper stirbt. Der Hauptteil des *Phaidon* besteht in dem Versuch, die Unsterblichkeit der Seele zu beweisen. In diesem Zusammenhang kommt es Sokrates verständlicherweise darauf an, die Bedeutung des Körpers gegenüber der Seele abzuwerten. In anderen Kontexten, beispielsweise im *Symposion*, finden sich dagegen positivere Bewertungen des Körpers. Allerdings hält Platon auch dort an der Auffassung fest, daß das, was den Menschen in seinem Wesen ausmacht, nicht sein Körper, sondern ein unkörperliches Prinzip, seine Seele, ist. Ob sich die Frage, was das Wesen oder die eigentliche Identität eines Menschen ist, besser mit heute zwar populären, aber außerordentlich diffusen Begriffen wie ‚Ganzheitlichkeit' oder ‚Leiblichkeit' beantworten läßt, scheint mehr als fraglich.

Die Unterscheidung der Seelenvermögen im *Staat*

Eine der zentralen Fragen, die Platon im *Staat* diskutiert und die den Rahmen des gesamten Dialoges bildet, ist die, ob die von dem Sophisten Thrasymachos vertretene These richtig ist, der zufolge nur derjenige glücklich werden kann, der ungerecht ist. Platon läßt Sokrates die Gegenthese vertreten, daß nur der Gerechte glücklich ist. Der Beweis für seine These hängt natürlich u. a. von dem Verständnis davon ab, was es heißt, gerecht zu sein, und davon, was das glückliche Leben ist. Um die Frage, was die Gerechtigkeit ist, zu beantworten, läßt Platon Sokrates ein bestimmtes Modell der Seele entwickeln, das auch unabhängig von der Frage nach der Gerechtigkeit seine Bedeutung hat. Diesem Modell zufolge besteht die Seele aus drei Teilen oder Vermögen der Seele. Daß die Seele nicht einfach einheitlich ist, wird am Phänomen des seelischen Konfliktes deutlich. Platon wählt als ein Beispiel für einen solchen Konflikt einen Kranken, der durstig ist, aber weiß, daß ihm das Trinken erheblichen Schaden zufügen würde. Insofern der Kranke durstig ist, will er etwas trinken; insofern er weiß, daß ihm das Trinken schadet, will er nichts trinken. Nun ist es aber widersprüchlich zu sagen, daß ein und dasselbe trinken und gleichzeitig nicht trinken will. Um den Konflikt des Kranken widerspruchsfrei zu verstehen, nimmt Platon zwei verschiedene Vermögen oder Teile in der Seele des Kranken an: Ein Vermögen in seiner Seele, das trinken will, und ein anderes Vermögen, das nicht trinken will. Das erste Vermögen nennt er das Vermögen der Begierden – es entspricht ungefähr dem, was wir heute als die natürlichen Triebe eines Menschen (wie Hunger, Durst und Sexualtrieb) bezeichnen. Das zweite Vermögen ist das Vermögen der Vernunft. Platon läßt Sokrates von diesen beiden noch ein drittes Vermögen unterscheiden, das ungefähr dem entspricht, was wir unter den Emotionen oder der Affektivität eines Menschen verstehen. Wenn sich beispielsweise der Kranke von seinem Trieb beherrschen läßt und das Wasser trinkt, wird sich Ärger über sich selbst einstellen. Er wird sich darüber ärgern, daß er nicht auf die Vernunft gehört und das Wasser getrunken hat. Dieser Ärger über sich selbst ist sowohl von den Trieben als auch von der Vernunft zu unterscheiden, denn mit dem Ärger nimmt er Stellung zu dem Konflikt zwischen der Vernunft und seinen Trieben.

Die Annahme von drei Seelenvermögen bildet die Voraussetzung dafür, den Begriff der Gerechtigkeit zu bestimmen. Die Gerechtigkeit eines Menschen besteht darin, daß sich die drei Seelenteile in einem richtigen Verhältnis zueinander befinden. Dieses richtige Verhältnis wird dadurch erreicht, daß jeder der drei Seelenteile das Seine tut, d. h. das tut, was ihm angemessen ist. Für die Vernunft besteht die Angemessenheit darin, richtig zu denken, für die Emotionen, adäquat zu reagieren, und für die Triebe, in angemessener Art und Weise das Leben eines Menschen zu bestimmen. Damit die Emotionen und die Triebe adäquat reagieren, ist es aber weiterhin notwendig, daß die Vernunft nicht nur richtig denkt, sondern auch in einer bestimmten Weise über die Emotionen und die Triebe herrscht, so daß die Emotionen und die Triebe jeweils der Vernunft folgen. Die Herrschaft der Vernunft darf nicht als eine Form von Unterdrückung der Emotionen oder der Triebe, sondern muß als eine Ordnung der Affektivität und Triebhaftigkeit eines Menschen verstanden werden. Die Ordnung besteht beispielsweise darin, daß die emotionalen Reaktionen eines Menschen der Vernunft und nicht den Trieben folgen. Wenn jemand krank ist und deswegen nicht trinkt, soll er sich nicht darüber ärgern, daß er seinem Durst nicht nachgegeben hat, sondern zufrieden darüber sein, daß er das getan hat, was vernünftig ist. Nur durch eine Herrschaft der Vernunft können die Emotionen und Triebe so geordnet sein, daß die Seele als ganze eine Art innerer Harmonie erreicht, d. h. der Mensch keine inneren Konflikte hat. In dieser inneren Harmonie besteht die Gerechtigkeit des Menschen, denn ein solcher Mensch wird aus dieser inneren Disposition heraus nicht anders als gerecht handeln.

Der für die Frage nach dem Guten entscheidende Punkt ist nun, daß die Vernunft nur dann fähig ist, richtig zu denken und die ordnende Funktion auszuüben, wenn sie ihrerseits auf etwas bezogen ist, nämlich auf das Gute. Platon vertritt nicht die neuzeitliche Auffassung, daß die Vernunft autonom ist. Die Vernunft ist vielmehr ein Strebevermögen, das natürlicherweise nach dem Guten strebt.

Wenn die Vernunft das Gute anstrebt, dann folgt daraus die Harmonie der Seelenteile. Der Mensch will das tun, was gut ist, tut es auch und freut sich an dem, was er tut. Dieses Modell der Seele mit den drei Seelenvermögen erlaubt es Platon, Sokrates ein Argument skizzieren zu lassen, das zeigt, warum nur derjenige, der gerecht ist, glücklich sein kann. Dadurch, daß jeder Seelenteil das tut, was ihm angemessen ist, befindet sich jeder Seelenteil und die Seele als ganze in ihrem bestmöglichen Zustand. In dem bestmöglichen Zustand zu sein, ist aber genau das, was das gute und glückliche Leben eines Menschen ausmacht. Der Mensch wird dadurch glücklich, daß seine Vernunft das Gute anstrebt. Dadurch ordnet sich seine Seele, und er erreicht eine innere Harmonie, d. h. lebt nicht mehr in inneren Konflikten. Es ist diese innere Harmonie des Menschen, die sein glückliches Leben ausmacht. Wie wir im Zusammenhang mit der Bestimmung des Tugendbegriffs bereits gesehen haben, sind mit der Behauptung, das glückliche Leben bestünde in der inneren Harmonie der Seele, bestimmte Probleme verbunden, auf die Platon nicht explizit eingeht, wie beispielsweise die Frage, ob es für ein glückliches Leben zusätzlich zu einer inneren Harmonie nicht auch noch bestimmter Güter bedarf (vgl. S. 57 f.).

Wir sehen, daß Platon im *Staat* einen Schritt über die formale Bestimmung des Guten in den frühen Dialogen hinausgeht. Während in den frühen Dialogen das Gute als letztes Ziel des Strebens des Menschen, und das heißt, als das gute und glückliche Leben selbst, identifiziert worden ist – wobei allerdings zu beachten ist, daß Platon durchaus auf das Problem eingeht, man könne ganz falsche Auffassungen über das gute Leben haben und es folglich viele Menschen gibt, die ein ganz falsches letztes Ziel anstreben –, bestimmt er das Gute im *Staat* zwar immer noch als das letzte Ziel, aber nicht mehr im Sinne des guten und glücklichen Lebens selbst, sondern im Sinne von etwas, das die Voraussetzung dafür ist, daß jemand das gute und glückliche Leben erreicht. Das Gute ist das Ziel, das die Vernunft anstreben muß, damit der Mensch ein gutes und glückliches Leben führen kann.

d) Was ist das Gute?

Aber was ist das Gute? Platon wendet sich dieser Frage im 6. und 7. Buch des *Staates* zu. Der Kontext ist folgender: Platon will bestimmen, wie ein idealer Staat, in dem die Gerechtigkeit herrscht, aufgebaut sein muß. Von besonderem Interesse ist dabei die Erziehung und Ausbildung derjenigen Menschen, die Regierungs- und Leitungsfunktionen im Staat haben. Platon läßt Sokrates zwei Gruppen unterscheiden, die Wächter (und Wächterinnern) und die Herrscher (und Herrscherinnen). Die Wächter haben vor allem die Aufgabe, den Staat militärisch nach außen zu verteidigen und nach innen zu schützen. Die Herrscher regieren die Polis. Sokrates vertritt nun die These, daß die Herrscher, wenn sie wirklich gute Herrscher sein wollen, über ein bestimmtes Wissen verfügen müssen, das sie in die Lage versetzt, ihre Herrschaft richtig und gerecht auszuüben. Dieses Wissen ist das Wissen um die Idee des Guten. Weil sich auch der Philosoph von einem, der nur vorgibt, Philosoph zu sein, dadurch unterscheidet, daß er weiß, was das Gute ist, ist das Wissen des Philosophen genau dasjenige Wissen, über das ein Herrscher verfügen muß. Deswegen kann Platon Sokrates fordern lassen, daß die Herrscher in einem idealen Staat Philosophen oder die Philosophen Herrscher sein müssen. Im 6. Buch des *Staates* nun führt die These, daß die Philosophen die Herrscher sein sollen, weil sie wissen, was das Gute ist, zu einer Untersuchung über die Idee des Guten. Platon bestimmt zunächst, was die Einsicht in die Idee des Guten bewirkt, kritisiert daraufhin zwei falsche Bestimmungen des Guten und gibt zuletzt in drei Gleichnissen eine Antwort auf die Frage, was die Idee des Guten ist.

Die Einsicht in die Idee des Guten bewirkt, daß alles andere im Leben brauchbar und nützlich wird. Wenn man die Idee des Guten nicht kennt, ist alles Wissen und jeder Besitz nutzlos (*Rep.* 505 a 1–b 4, vgl. auch *Euthyd.* 288 d 5–290 d 8). Diese These läßt sich anhand der teleologischen Struktur des Strebens verdeutlichen (vgl. S. 79 f.). Jemand strebt etwas an, weil er der Überzeugung ist, daß das, was er anstrebt, gut ist, d. h., daß es entweder ein Mittel ist, um ein Ziel zu erreichen, oder ein Ziel ist, das um seiner selbst willen angestrebt wird. Nun wird etwas nur dann wirklich zu einem Gut für ihn, wenn er mit dem, was er anstrebt, auch gut und richtig umgehen kann. Platon macht immer wieder darauf aufmerksam, daß es nichts nützt, bestimmte Dinge zu können oder zu besitzen, wenn man nicht auch weiß, wie man diese Dinge so gebraucht, daß sie von wirklichem Nutzen für einen sind. So nützt es beispielsweise nichts, den Hauptpreis in einer Lotterie zu gewinnen, wenn jemand nicht mit dem Geld umgehen kann. Wenn jemand einen Hauptgewinn nicht gut und sinnvoll gebraucht, dann schadet er ihm mehr als er nützt. Ebenso ist vieles von dem, was jemand weiß, an sich weder gut noch schlecht. Das Wissen eines Arztes beispielsweise ist noch kein Wissen, das für andere Menschen an sich schon hilfreich und nützlich ist, weil es an der Person des Arztes liegt, wie er sein Wissen anwendet. Er kann von seinem Wissen, wie man Menschen heilt, Gebrauch machen, um Menschen zu schaden. Erst dadurch, daß er mit dem Wissen das Gute realisieren will, wird sein Wissen für andere nützlich und hilfreich.

An diesen Beispielen wird deutlich, daß jemand über ein bestimmtes Wissen verfügen muß, um sicher zu sein, daß er sich in der Annahme darüber nicht irrt, daß das, was er anstrebt, ihm wirklich nützt und hilfreich ist. Wie wir bereits an der teleologischen Struktur des Strebens gesehen haben, stellt sich dieses Problem nicht nur für jedes einzelne Gut, sondern erst recht auch für das letzte Ziel, das oberste Gut, das angestrebt wird. Damit etwas wirklich nützlich ist, muß man wissen, was vernünftigerweise das letzte Ziel des Strebens sein sollte. Dieses Wissen um die Idee des Guten beinhaltet das Wissen um einen Maßstab und ein Kriterium, das jemanden in die Lage versetzt, zu entscheiden, ob die Dinge, die er anstrebt, wirklich nützlich und hilfreich für ihn sind. Er kann seine persönlichen Präferenzen, Ziele und Interessen daraufhin befragen, ob es richtig ist, diese Präferenzen, Ziele und Interessen zu haben. Wer das Gute kennt, kann so mit den Dingen und seinem Wissen umgehen, daß sie ihm nützlich und hilfreich werden.

Im *Staat* läßt Platon Sokrates zwei Thesen bezüglich der Idee des Guten kritisieren (*Rep.* 505 b 5–d 4). Die erste These ist die, daß das Gute in der Lust besteht, die zweite die, daß das Gute im Wissen oder in der Einsicht besteht. Beide Thesen werden auch heute noch vertreten, sowohl die Vorstellung, das Leben sei dann gelungen, wenn es möglichst viel Spaß mache, als auch die – allerdings sicherlich weniger populäre – Vorstellung, der Sinn des Lebens bestehe darin, möglichst viel zu wissen. Daß das Gute nicht die Lust sein kann, läßt Platon Sokrates damit begründen, daß es auch so etwas wie schlechte Lust gebe. Was die schlechte Lust genau ist, wird im *Staat* nicht näher erklärt, aber in anderen Dialogen, besonders im *Gorgias* und im *Philebos*, bestimmt Platon die schlechte Lust u. a. als eine Lust an Dingen, an denen man keine Lust haben sollte (wenn jemand beispielsweise Spaß daran hat, Menschen zu quälen), oder als eine Lust, die eine noch größere Unlust nach sich zieht (wenn jemand beispielsweise der Lust an Chips und Schokolade so nachgibt, daß ihm längere Zeit übel ist). Wir brauchen ein Kriterium um zu entscheiden, welche Lust gut und welche schlecht ist, d. h. welche nützlich und hilfreich für unser Leben ist und welche nicht. Daraus folgt aber, daß die Lust nicht das Gute sein kann, denn das Gute ist das Kriterium, mit dem wir die Lust bewerten und nicht umgekehrt. Daß das Gute nicht jedes Wissen und jede Erkenntnis sein kann, begründet Platon damit, daß, wenn überhaupt, nicht jede beliebige Einsicht, sondern nur die Einsicht in das Gute als Kandidat für das, was das Gute ist, in Frage kommt.

Gefragt, was denn nun das Gute sei, wenn es nicht die Lust und nicht das Wissen sein könne, gibt Sokrates eine ausweichende Antwort. Das Gute selber könne er nicht bestimmen, denn er sei noch zu keinem Wissen über das, was das Gute ist, gekommen. Er habe lediglich Meinungen, und diese darzulegen würde eine viel ausführlichere Darstellung notwendig machen, die jetzt fehl am Platz sei (*Rep.* 506b2–e7). Sokrates fährt mit der Bemerkung fort, er könne jetzt aber etwas über einen „Nachkommen" des Guten sagen, der seinem „Vater", dem Guten selbst, sehr ähnlich sei. Damit leitet er zu den berühmten drei Gleichnissen, dem Sonnengleichnis (*Rep.* 507a7–509c11), dem Liniengleichnis (*Rep.* 509d1–511e5) und dem Höhlengleichnis (*Rep.* 514a1–518b5) über, in denen die Idee des Guten mit der Sonne verglichen wird und jeweils unterschiedliche Aspekte dieses Vergleichs herausgearbeitet werden. Warum Platon Sokrates die Frage nach dem, was das Gute ist, nicht klar beantworten läßt, wird uns am Ende unserer Interpretation aller Gleichnisse noch einmal beschäftigen (vgl. S. 143).

Das Sonnengleichnis

Im ersten Gleichnis führt Platon ein Bild ein, das grundlegend für alle drei Gleichnisse ist: das Bild der Sonne, mit der die Idee des Guten verglichen wird. Dafür hebt er vor allem drei Aspekte der Sonne und des Sonnenlichts hervor. Erstens ist die Sonne dadurch, daß sie das Licht spendet, Ursache dafür, daß wir etwas sehen können. Wenn es kein Licht gäbe, wäre es unmöglich, etwas zu sehen. Durch das Licht werden die Gegenstände, die es gibt, für uns erst wahrnehmbar. Zweitens verursacht das Licht der Sonne nicht nur die Sichtbarkeit der Objekte, sondern ermöglicht erst unser Sehen. Durch unsere Augen haben wir zwar die Fähigkeit zu sehen, wir brauchen aber das Licht, damit diese Fähigkeit aktiviert wird. Die Sonne ist drittens aber nicht nur Grund der Sichtbarkeit und des Sehens, sondern auch der Grund dafür, daß die Lebewesen auf der Erde wachsen und sich ernähren können. Ohne das Licht und die Wärme der Sonne würde nichts wachsen können, es gäbe kein Leben. Das, was die Sonne nun im Bereich des Sichtbaren und Wahrnehmbaren ist, ist die Idee des Guten im Bereich des Denkbaren. So wie die Sonne es durch ihr Licht ermöglicht, Gegenstände wahrnehmbar zu machen, so ist die Idee des Guten Ursache für die

Erkennbarkeit der Dinge, die durch Denken erkennbar ist. So wie die Sonne zweitens das Sehen aktiviert, so aktiviert die Idee des Guten das Denken. Drittens ist die Idee des Guten nicht nur der Grund der Erkennbarkeit und Erkenntnis der Dinge, sondern auch der Grund dafür, daß die Dinge auf der Welt überhaupt das sind, was sie sind.

Wenn auch die Bilder, mit denen Platon im Sonnengleichnis arbeitet, einfach und anschaulich sind, so ist dennoch nicht ganz leicht zu verstehen, was Platon mit dem Vergleich der Idee des Guten mit der Sonne genau zeigen möchte. Zunächst fällt auf, daß Platon eine klare Unterscheidung zwischen einem Bereich der wahrnehmbaren Dinge und einem Bereich der Dinge, die nur durch Denken erkannt werden können, macht. Der Bereich der wahrnehmbaren Dinge ist unsere Welt mit den Menschen, Pflanzen und Tieren, den Häusern und Gegenständen, mit allem, was man sehen kann. Im folgenden werden wir diese Welt der wahrnehmbaren Dinge als unsere Erfahrungswelt bezeichnen. Was aber ist mit dem Bereich der Dinge, die man nur durch Denken erkennen kann, gemeint? Eine erste Antwort erhält man, wenn man sich vergegenwärtigt, wonach Platon in den frühen aporetischen Definitionsdialogen gefragt hat. In diesen Dialogen kam es ihm darauf an zu bestimmen, was jeweils eine bestimmte Tugend ist. Wir haben gesehen, daß Platon die Frage nach der Definition einer bestimmten Tugend auch so formulieren kann, daß er nach der Idee dieser Tugend fragt (vgl. S. 64f.). Dadurch, daß er beispielsweise nach der Idee der Gerechtigkeit gefragt hat, sollte dem Gesprächspartner deutlich werden, daß die Frage nach dem, was die Gerechtigkeit ist, auf die Intension und nicht auf die Extension des Begriffes ‚Gerechtigkeit' zielt. Diese Idee kann man nicht mit den Augen sehen, sondern nur durch Nachdenken erfassen; indem wir über die Definition nachdenken, versuchen wir die Idee zu erkennen. In einem ersten Schritt können wir also sagen, daß der Bereich derjenigen Dinge, die wir nur durch Denken erfassen können, der Bereich der Ideen von Tugenden ist.

Platon spricht davon, daß alles, was erkannt werden kann, durch das Gute sein eigenes Sein oder sein eigenes Wesen hat (*Rep.* 509b6–10). Wenn Platon an dieser Stelle vom Sein oder vom Wesen von etwas spricht, dann meint er das, was er in anderem Kontext als die Idee von etwas bezeichnet (vgl. S. 65). Das Wesen bzw. das Sein ist das, was durch die Definitionsformel bezeichnet wird. Mit der These, daß *alles*, was erkannt werden kann, durch das Gute sein Sein hat, geht Platon einen wichtigen Schritt über die frühen Dialoge hinaus. Nicht allein die Ideen von Tugenden, sondern das Wesen von allem wird erst durch das Gute erkannt. Im Zusammenhang mit der Interpretation des Liniengleichnisses werden wir auf diese Annahme noch einmal ausführlicher zurückkommen (vgl. S. 100f.).

Wie läßt sich aber die Behauptung verständlich machen, daß ohne die Idee des Guten überhaupt keine Erkenntnis möglich ist und die Idee des Guten insofern noch über dem Wesen und dem Sein steht? Daß jemand wissen muß, was das Gute ist, um wissen zu können, was eine bestimmte Tugend ist, ist unproblematisch (vgl. S. 77). Problematisch ist aber die These, daß jemand zur Erkenntnis von Dingen, die mit Ethik und Moral gar nichts zu tun haben, wissen muß, was das Gute ist. Spätestens seit Immanuel Kants Unterscheidung zwischen theoretischer und praktischer Vernunft unterscheidet man zwischen objektiven Tatsachen und Wertvorstellungen. An Kant anschließend wird des öfteren die Auffassung vertreten, daß um der Objektivität der Erkenntnis von Tatsachen willen jede Form von Werten unberücksichtigt bleiben müsse. Die Erfolge der empirischen Wissenschaften, beispielsweise der Naturwissenschaften, beruhten, so meint man, gerade darauf, daß sich die Forscher um eine objektive, und d.h. auch wertfreie, Sicht bemühen. Wertvorstellungen hätten demnach in der naturwissenschaftlichen Forschung keinen Platz. Daß freilich auch empirische Forschung auf Wertvorstellungen beruht, und zwar nicht nur hinsichtlich der Frage, was man erforschen will, sondern auch hinsichtlich bestimmter Beurteilungskriterien von wissenschaftlichen Theorien wie z. B. der Annahme, daß eine einfache und elegante Theorie besser sei als eine komplexe, wird bei dieser Sicht häufig zu wenig berücksichtigt.

Gegen die Auffassung, es gäbe Tatsachenerkenntnis ohne Werterkenntnis, vertritt Platon die These, daß die vermeintliche Objektivität der Tatsachenerkenntnis überhaupt erst durch die Erkenntnis des Guten ermöglicht wird. Daß diese These nicht ganz unplausibel ist, wird zunächst deutlich, wenn man sich die Bestimmung der von Menschen hergestellten Dinge anschaut. Wenn wir beispielsweise fragen, was Aspirin oder was ein Tisch ist, dann muß eine vollständige Antwort auf die Frage nach dem Wesen von Aspirin oder dem Wesen eines Tisches die Aufgabe und Funktion von Aspirin oder einem Tisch enthalten. Die Antwort auf die Frage nach dem Wesen muß deutlich machen, für was die Dinge nützlich und gut sind. Wir können das Wesen von hergestellten Dingen nur vollständig erkennen, wenn wir es in einen teleologischen Zusammenhang einordnen können. Was ein Tisch seinem Wesen nach ist, läßt sich nicht beantworten, wenn wir von der Funktion, die ein Tisch in unserem Alltagsleben hat, absehen. Wenn wir auf die Frage, was Aspirin ist, lediglich mit der Formel der chemischen Zusammensetzung antworten, haben wir keine vollständige Antwort gegeben; wir haben noch nicht wirklich verstanden, was Aspirin ist. Aspirin und Tische werden um einer bestimmten Funktion willen hergestellt, die Aspirin und Tische erfüllen sollen. Wir haben verstanden, was Aspirin und was ein Tisch ist, wenn wir diese Funktion kennen, wenn wir also wissen, für was die hergestellten Dinge gut sind. Der entscheidende Punkt in Platons Auffassung ist nun, daß das, was für die von den Menschen hergestellten Dingen gilt, von allem gilt. Im *Phaidon* läßt Platon Sokrates die These vortragen, von allem und jedem gelte, daß wir es nur dann vollkommen verstanden haben, wenn wir davon ausgehen, daß sich die Dinge so, wie sie sind, im jeweils bestmöglichen Zustand befinden oder sich auf ihren bestmöglichen Zustand hin entwickeln. Diese Wertannahme ermöglicht es erst, bestimmte Tat-

92

sachenfragen zu beantworten. Platon bringt folgendes Beispiel: Wenn jemand wissen will, ob die Erde rund oder flach ist, dann muß er sich fragen, ob es besser für die Erde ist, rund oder flach zu sein. Diese Frage beruht auf der Voraussetzung, daß sich die Erde im bestmöglichen Zustand befindet. Weil die Erde der antiken Vorstellung nach der Mittelpunkt des Kosmos ist, ist rund zu sein der beste Zustand, in dem sich die Erde befinden kann, denn dadurch, daß sie rund ist, kann beispielsweise erklärt werden, warum sie nicht fällt, sondern stabil in der Mitte des Kosmos bleibt (*Phd.* 97d6–98b6). Platon führt dieses Forschungsprogramm im *Phaidon* nicht im Detail durch, aber das Beispiel dürfte deutlich machen, warum er der Auffassung sein konnte, ohne die Erkenntnis des Guten sei nicht nur Erkenntnis von Tugenden, sondern auch Tatsachenerkenntnis und die Erkenntnis des Wesens von Dingen unmöglich. Daß die These der Notwendigkeit von Werterkenntnis als Voraussetzung für Tatsachenerkenntnis alles andere als eine seit Kant überholte philosophische Auffassung ist, würde nicht nur ein Blick auf Versuche heutiger teleologischer Entwürfe, sondern auch die Diskussion innerhalb des Pragmatismus, eine der wesentlichen zeitgenössischen philosophischen Strömungen, deutlich machen[7].

Das Liniengleichnis

Einleitung

Das Liniengleichnis entfaltet eine Gesamtsicht der Wirklichkeit, die im Sonnengleichnis nur angedeutet worden ist. Zwar erfahren wir im Liniengleichnis nichts Neues über die Idee des Guten; das Liniengleichnis ist aber insofern von Bedeutung, als Platon hier bestimmte Aspekte der sogenannten Ideenlehre darstellt, die zusammen mit entsprechenden Abschnitten aus dem *Menon*, dem

---

[7] Vgl. F. Ricken: Platonismus und Pragmatismus. Eine Interpretation von Platon, *Politeia* 509b, in: *Theologie und Philosophie* 70 (1995), 481–493.

Phaidon und dem *Symposion* einen Gesamteindruck von Platons Philosophie in den mittleren Dialogen vermitteln können. Es bietet sich deswegen an, vom Liniengleichnis her Platons Intuitionen, seine Grundannahmen und wichtigsten Argumente dieser Sicht der Wirklichkeit darzustellen. Dabei werden wir auch sehen, daß man nur mit Einschränkungen sinnvoll von einer Ideen*lehre* sprechen kann (vgl. S. 141 ff.). Platon läßt Sokrates kein philosophisch-dogmatisches System entwerfen, das man als seine Lehre bezeichnen könnte. Er skizziert vielmehr eine Sicht unserer Wirklichkeit, die bestimmte Fragen beantwortet und Probleme löst, aber andere Fragen aufwirft, von denen weit weniger deutlich ist, ob und wie sie sich beantworten lassen könnten.

Sokrates fordert seinen Gesprächspartner auf, sich eine Linie vorzustellen, die in vier ungleich große Abschnitte geteilt ist (vgl. die Skizze). Jedem der verschiedenen Abschnitte entspricht sowohl ein Teil der Wirklichkeit als auch eine bestimmte Art und Weise der Erkenntnis der Gegenstände des jeweiligen Wirklichkeitsbereichs. Der aus dem Sonnengleichnis bereits bekannten Unterscheidung zwischen der Welt der sinnlich wahrnehmbaren und der nur durch Denken erkennbaren Dinge entspricht die Unterscheidung zwischen den großen Abschnitten CE und AC[8]. Wenden wir uns zunächst dem Bereich der nur durch Denken erkennbaren Dinge zu. Der Abschnitt AB steht für den Bereich der Ideen; als Erkenntnisform ist ihm die Vernunft zugeordnet, d. h. daß es die Vernunft ist, die die Ideen erkennen kann. Dem Abschnitt BC entspricht der Bereich der Gegenstände der Mathematik, d. h. der Zahlen und der geometrischen Figuren. Sie werden durch den Verstand erkannt. Dabei gehören sowohl die Ideen als auch die mathematischen Gegenstände zu dem Bereich der Dinge, über die Wissen möglich ist. Demgegenüber lassen sich über die Gegen-

---

[8] Zwar finden sich weder die Buchstaben noch die genauen Angaben für die unterschiedlichen Größenabschnitte in Platons Text, die folgende Rekonstruktion hat sich aber zu Recht als Standardinterpretation in der Forschung durchgesetzt.

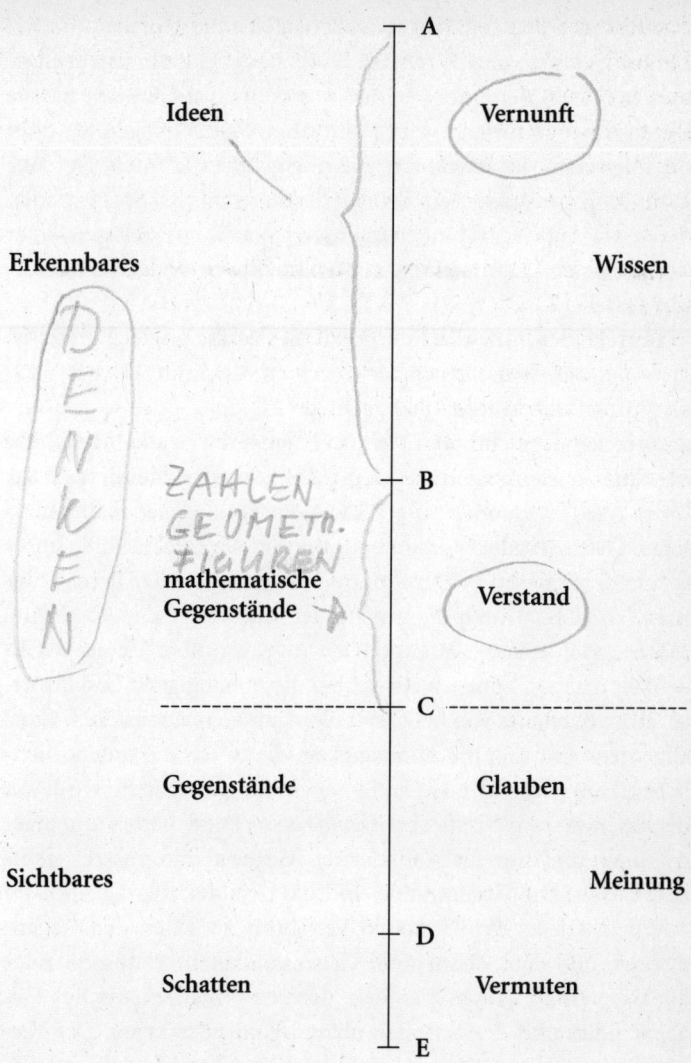

stände in den beiden übrigen Bereichen CD und DE, dem Bereich der nur sinnlich wahrnehmbaren Gegenstände unserer Erfahrungswelt, lediglich Meinungen bilden. Der Abschnitt CD steht für die Gegenstände in unserer wahrnehmbaren Welt; alles, was wir über sie annehmen, ist etwas, das wir nur glauben können. Der Abschnitt DE entspricht dem Bereich der Schatten und Spiegelbilder, die es von den Gegenständen in unserer sichtbaren Welt gibt. Über sie lassen sich Platon zufolge nur Mutmaßungen oder Vermutungen anstellen.

Entscheidend für die Interpretation des Liniengleichnisses ist die unterschiedliche Länge der einzelnen Abschnitte. Der Bereich der durch Denken erkennbaren Dinge (AC) ist doppelt so groß wie der Bereich der sichtbaren Welt (CE). Jeder der beiden Abschnitte ist selbst noch einmal im Verhältnis 2:1 gegliedert; der Bereich der Ideen (AB) ist doppelt so groß wie der Bereich der mathematischen Gegenstände (BC), und der Bereich der Gegenstände unserer sichtbaren Welt (CD) ist doppelt so groß wie der Bereich der Schatten (DE). Durch die unterschiedliche Länge der Abschnitte möchte Platon keine quantitativen Aussagen über unsere Wirklichkeit machen, sondern etwas über die Abhängigkeit und Priorität eines Bereiches von bzw. vor einem anderen ausdrücken. Ganz allgemein läßt sich die Abhängigkeit, die durch die unterschiedlichen Längenverhältnisse im Liniengleichnis dargestellt wird, mit den Stichwörtern *Urbild* und *Abbild* fassen. Die Schatten und Spiegelbilder sind nur die Abbilder der Gegenstände unserer sichtbaren Welt. Die Gegenstände sind die Urbilder, die die Abbilder schaffen. Dieses Urbild-Abbild Verhältnis zwischen den Gegenständen und den Schatten der Gegenstände läßt Platon Sokrates auf das Verhältnis zwischen den Ideen bzw. mathematischen Gegenständen und der wahrnehmbaren Welt übertragen. Das Verhältnis von CD zu DE entspricht dem Verhältnis von AC zu CE. Unsere ganze sichtbare Welt ist nichts als ein Abbild der Welt der Ideen und der mathematischen Gegenstände. Wer unsere Erfahrungswelt für die ganze und eigentliche Wirklichkeit hält, irrt sich ebenso wie jemand, der meint, daß innerhalb der wahrnehmbaren Welt die Schatten und Spiegelbilder die eigentliche Wirklichkeit wären – ein Bild, das Platon im Höhlengleichnis aufnehmen wird (vgl. S. 127f.).

Das Verhältnis von Urbild zum Abbild läßt sich in zwei Aspekte differenzieren, auf die wir uns im folgenden des öfteren beziehen werden: In den Aspekt der Priorität und Abhängigkeit der *Existenz* und den der Priorität und Abhängigkeit der *Erkennbarkeit* der Gegenstände eines Gegenstandsbereichs vor und von einem anderen. Den ersten Aspekt nennt man den der *ontologischen Priorität*. Der Begriff der ontologischen Priorität leitet sich vom griechischen Terminus *ta onta*, d.h. ‚die Seienden', ab. Mit ihm wird zum Ausdruck gebracht, daß die *Existenz* und die *Art der Existenz* eines Wirklichkeitsbereichs von der Existenz und der Art der Existenz eines anderen Wirklichkeitsbereichs abhängt. Diese Abhängigkeit eines zweiten Wirklichkeitsbereichs von einem ersten besteht darin, daß ohne die Existenz des ersten Bereichs der zweite überhaupt nicht existieren kann. Der erste Wirklichkeitsbereich ist deswegen gegenüber dem zweiten ontologisch primär. Daß es ganz unproblematische und plausible Fälle für ontologische Priorität gibt, macht die Abhängigkeit der Schatten (DE) von den Gegenständen in unserer sichtbaren Welt (CD) deutlich: Die Existenz eines Schattens hängt natürlich von der Existenz eines Gegenstandes ab, der den Schatten wirft (wenn es keinen Gegenstand gibt, der einen Schatten werfen kann, kann es natürlich auch keinen Schatten geben), und die Art und Weise, wie ein Gegenstand existiert, bestimmt auch seinen Schatten. Platon läßt Sokrates die Auffassung vertreten, daß diese ontologische Priorität und Abhängigkeit auch zwischen den Gegenständen, die man nur durch Denken erkennen kann (AC), und der sichtbaren Welt (CE) besteht. Die Wirklichkeit der wahrnehmbaren Welt hängt von der Wirklichkeit der Ideen und mathematischen Gegenstände ab – eine problematische These, die uns noch ausführlich beschäftigen wird. Der zweite Aspekt der Abhängigkeit wird *epistemische Priorität* genannt. Dieser Begriff leitet sich vom griechischen Wort für Erkenntnis, *epistēmē*, ab. Die epistemische Priorität und Abhängigkeit ist eine Priorität und Abhängigkeit der *Erkenntnis* der Gegenstände aus einem Bereich von und vor der Erkenntnis der Gegenstände aus einem anderen Bereich. Daß es sinnvoll und unproblematisch sein kann, von epistemischer Abhängigkeit zu sprechen, läßt sich wiederum anhand des Verhältnisses zwischen der Erkenntnis der Schatten und der Erkenntnis der Gegenstände, die die Schatten werfen, plausibel machen: Wenn jemand einen bestimmten Schatten identifizieren möchte, dann kann er diesen Schatten nur durch denjenigen Gegenstand klar identifizieren, der den Schatten wirft. Ohne ein Wissen um den Gegenstand, der den Schatten wirft, ist ein wirkliches Wissen um den Schatten unmöglich. Wenn jemand die Schatten unabhängig von den Gegenständen identifizieren wollte, dann wäre er auf bloße Vermutungen angewiesen. Platons These ist, daß wir, um überhaupt irgendein Verständnis von unserer Erfahrungswelt zu bekommen, auf ein Wissen um die Ideen angewiesen sind – wiederum eine problematische These, die es zu verstehen gilt.

Der Bereich der mathematischen Gegenstände
Es bietet sich an, bei der Untersuchung der These der ontologischen und epistemischen Abhängigkeit der wahrnehmbaren Welt von der Welt der Ideen und der mathematischen Gegenstände bei der Frage anzusetzen, was dem Liniengleichnis zufolge mathematische Gegenstände sind und wie sie erkannt werden können. Gegen Platons Behauptung, daß mathematische Gegenstände zu dem Bereich der nur durch Denken erkennbaren Dinge zählen, könnte man einwenden, daß sich geometrische Figuren durchaus sehen und wahrnehmen lassen. Man könnte darauf hinweisen, daß wir beispielsweise ein rechtwinkliges Dreieck oder einen Kreis mit Zirkel und Lineal konstruieren können und wissen, was ein Dreieck und ein Kreis ist, weil wir schon Dreiecke und Kreise gesehen, also sinnlich wahrgenommen haben.

Platon würde auf diesen Einwand mit einer Unterscheidung antworten. Was wir sehen, sind nur *Abbilder* von Kreisen und Dreiecken, nie aber einen Kreis oder ein Dreieck selbst. Platon kommt zu dieser Auffassung zum einen deswegen, weil diejenigen geometrischen Figuren, die man sehen kann, nie diejenigen Bedingungen erfüllen, die geometrische Figuren eigentlich erfüllen müssen; selbst ein mit einem guten Zirkel konstruierter Kreis ist nie wirklich ein Kreis, bei dessen Kreisumfang alle Punkte exakt denselben Abstand zum Mittelpunkt des Kreises haben. Hinzu kommt ein zweiter, noch wichtigerer Aspekt, der sich am besten an einem Beispiel verdeutlichen läßt. Wenn wir anhand eines mit Zirkel und Lineal sorgfältig konstruierten rechtwinkligen Dreiecks den Satz des Pythagoras beweisen, demzufolge die Summe der Kathetenquadrate gleich der Größe des Hypotenusenquadrats ist, dann führen wir diesen Beweis nicht eigentlich für das von uns konstruierte rechtwinklige Dreieck. Es kommt uns bei dem Beweis gar nicht darauf an zu zeigen, daß der Satz des Pythagoras für das von uns konstruierte Dreieck gilt. Was wir mit Hilfe der Konstruktionszeichnung zeigen wollen, ist, daß der Satz des Pythagoras für jedes rechtwinklige Dreieck gilt. Damit kann aber nicht gemeint sein, daß der Satz des Pythagoras für jedes konstruierte rechtwinklige Dreieck gilt, denn der Satz kann ja strenggenommen für überhaupt kein konstruiertes rechtwinkliges Dreieck gelten, weil kein einziges unserer konstruierten Dreiecke wirklich rechtwinklig ist. Platons Annahme ist es vielmehr, daß wir mit Hilfe einer Abbildung ein geometrisches Gesetz beweisen, das für das Urbild jedes konstruierten rechtwinkligen Dreiecks, d. h. für ein ideales rechtwinkliges Dreieck gilt. Dieses Dreieck ist ideal, weil es allein diejenigen Bedingungen erfüllt, die ein rechtwinkliges Dreieck, wenn es *wirklich* ein rechtwinkliges Dreieck sein soll, erfüllen muß. Das ideale Dreieck ist aber nicht sinnlich wahrnehmbar, sondern nur durch Denken erkennbar.  Sokrates meint, ein Mathematiker versuche am Bild (also an der Konstruktionszeichnung) etwas zu erkennen, das man eigentlich nur mit dem Verstand sehen könne (*Rep.* 511a1).

Daß geometrische Gegenstände nicht sinnlich wahrnehmbar sind, bedeutet nicht, daß sie nicht wirklich sind und gar nicht existieren. Der Mathematiker nimmt ihre Existenz an und erforscht die Gesetze, die für die idealen geometrischen Figuren gelten. Er denkt zwar nicht weiter darüber nach, was es bedeutet, daß geometrische Gegenstände existieren, aber er macht eine Annahme über unsere Wirklichkeit, nämlich die, daß nicht nur das wirklich ist und existiert, was man sehen kann, sondern auch noch andere Dinge existieren und wirklich sind, eben geometrische Figuren (oder auch Zahlen). Diese Deutung und Interpretation von geometrischen und mathematischen Gegenständen erweist sich für einige philosophisch interessierte Mathematiker und Physiker noch heute als attraktiv. Werner Heisenberg und Carl Friedrich von Weizsäcker – um nur zwei zu nennen – vertreten ebenso eine platonische Interpretation der Zahlen und geometrischen Figuren[9] wie einige heutige Philosophen, die sich mit metaphysischen Grundsatzfragen auseinandersetzen, zu denen die Frage nach der Existenz von Zahlen auch heute noch unabdingbar gehört[10].

Der Bereich der Ideen
(i) Was sind Ideen?
Was sind nun die Ideen, die sich in dem Bereich AB befinden? Weil Platons Antworten, die er im *Staat* gibt, zur Beantwortung nicht immer hinreichen und im Liniengleichnis nur angedeutet werden, werden sie im folgenden auch durch Zuhilfenahme von wichtigen Passagen anderer mittlerer Dialoge ergänzt.

Einer der entscheidenden Unterschiede zwischen den frühen und den mittleren Dialogen besteht darin, daß Platon in den mittleren Dialogen nicht nur für Werteigenschaften Ideen annimmt. Im *Staat* spricht er beispielsweise von der Idee eines Tisches oder

---

[9] Z. B. W. Heisenberg: *Der Teil und das Ganze*, München 1969; C. F. v. Weizsäcker: *Ein Blick auf Platon. Ideenlehre, Logik und Physik*, Stuttgart 1981.
[10] Z. B. M. Jubien: *Contemporary Metaphysics*, Oxford 1997.

eines Sattels, also von hergestellten Gebrauchsgegenständen. Im *Phaidon* diskutiert er u. a. die Idee der Größe und die Idee des Gleichen, im *Symposion* entwickelt er eine Auffassung von der Idee des Schönen, und im *Timaios* erwähnt er Ideen von Lebewesen und Pflanzen. Dabei hängt die Annahme einer Idee der Gerechtigkeit mit der Annahme einer Idee des Tisches oder einer Idee des Schönen eng zusammen; wir können ja nicht nur nach der Definition von Tugenden, sondern auch allgemeiner nach der Definition von Eigenschaften oder nach einer Definition von bestimmten Gegenständen oder Lebewesen fragen. Was ist beispielsweise ein Tisch? Wir stellen viele Gebrauchsgegenstände her, und ein Teil der Gebrauchsgegenstände sind Tische. Was ist nun die Idee des Tisches, d.h. dasjenige, was einen Tisch zum Tisch macht? In den frühen Dialogen hat Platon, wie wir gesehen haben (vgl. S. 72), verschiedene Kriterien aufgestellt, denen eine Bestimmung des Wesens von etwas gerecht werden muß. So zielt die Frage auf die notwendigen und hinreichenden Bedingungen, die einen Tisch zum Tisch machen, wobei beispielsweise zu beachten ist, daß verschiedene Ausdrücke zwar extensionsgleich sein können, aber dennoch eine unterschiedliche Intension haben können. Inwiefern ein Wissen um die Idee des Tisches ein Wissen um die Idee des Guten voraussetzt, haben wir im Zusammenhang mit dem Sonnengleichnis bedacht (vgl. S. 92f.).

Selbst wenn man der Behauptung zustimmt, daß sich Begriffe wie der des Tisches sinnvoll definieren lassen (vgl. aber S. 68f.), so ist Platons weitergehende Annahme, daß die Begriffe und die Definitionsformel wirklich etwas bezeichnen, was real ist und existiert (nämlich eine Idee), problematisch. Platon läßt in den mittleren Dialogen Sokrates nicht nur die These diskutieren, daß es Ideen gibt (wobei er sich auffallend zurückhaltend dazu äußert, von was er bereit ist, Ideen anzunehmen, und von was nicht), sondern auch, daß die Ideen realer und wirklicher als die Gegenstände in unserer Erfahrungswelt sind, ja, daß unsere Erfahrungswelt überhaupt nur dadurch möglich ist, daß es Ideen gibt, an denen die

Gegenstände in unserer Erfahrungswelt teilhaben. Wer Platons Konzeption der Ideen in den mittleren Dialogen verstehen will, der muß vor allem die provozierende Behauptung der ontologischen Priorität und die Annahme, daß Ideen wirklicher und realer als unsere Erfahrungswelt sind, zu verstehen versuchen.

(ii) Was ist unsere Erfahrungswelt?
Dazu sei zunächst die Auffassung, die Platon von unserer Erfahrungswelt hat, näher skizziert. Dabei bietet es sich an, bei der epistemischen Unterscheidung zwischen der Welt der Ideen bzw. der mathematischen Gegenstände und der Erfahrungswelt anzusetzen. Die These, die Platon Sokrates vertreten läßt, ist – wie schon erwähnt –, daß es von unserer Erfahrungswelt kein sicheres Wissen, sondern lediglich Meinungen geben kann. Sicheres Wissen ist nur von den Ideen möglich. Diese These ist überraschend, weil wir normalerweise der Auffassung sind, daß wir wirklich etwas über unsere Erfahrungswelt *wissen* (und nicht bloß *meinen*) können. Wenn wir beispielsweise aus dem Fußballstadion kommen, dort gerade ein Spiel zwischen TSV 1860 und Bayern München gesehen haben und eine Stunde später gefragt werden, ob wir wissen, wer das Spiel gewonnen hat, dann würden wir keinen Augenblick zögern zu sagen, wir *wissen* es. Wir *wissen*, daß der Zweite Weltkrieg 1945 beendet worden ist, und ich *weiß*, wenn ich jetzt aus dem Fenster schaue, daß es draußen gerade zu regnen beginnt. Platon würde diese Wissensansprüche aber nicht gelten lassen. Was wir Platon zufolge äußern, sind Meinungen und kein Wissen. Platon begründet seine Auffassung damit, daß jemand, wenn er wirklich etwas weiß, auch weiß, daß sich das, was er weiß, unmöglich anders verhalten kann. Dieser Behauptung würden wir nicht unbedingt zustimmen, da wir der Überzeugung sind, daß jemand auch über die Dinge, die sich nicht notwendig auf eine bestimmte Art und Weise verhalten, etwas wissen kann. Platon denkt anders. Ein Aspekt, der seine Auffassung vielleicht verständlicher machen kann, ist folgender: Wenn jemand wirklich etwas weiß, dann muß

er Platon zufolge eine volle Einsicht in den Sachverhalt, den er weiß, haben. Er muß verstehen, warum das, was er weiß, so und nicht anders ist. Dabei reicht es nicht aus, beispielsweise zu behaupten, man wisse, daß es regnet, weil dicke Wolken über München hängen und die Straße naß ist und wir aus dem Fenster schauen usw. Wir müßten vielmehr verstehen, warum die Welt so ist, daß es gerade jetzt in München regnet, oder, vom Sonnengleichnis her gesagt, warum es das beste für München ist, daß es jetzt draußen regnet. Auf diese Frage wird man schwerlich eine Antwort finden können. Die Erfahrungswelt läßt sich nicht vollkommen verstehen. Wir wissen nicht, warum unsere Welt so ist, wie sie ist. Deswegen bewegen wir uns Platon zufolge mit unseren Aussagen über die Welt der Wahrnehmung ausschließlich im Bereich der Meinungen.

Platons Ablehnung jeglicher Wissensansprüche in bezug auf unsere Erfahrungswelt hängt zum Teil auch damit zusammen, daß er im Hinblick auf die Erkenntnismöglichkeit unserer Erfahrungswelt eine skeptische Position vertritt. In bezug auf alles, was wir wahrnehmen oder dessen wir uns erinnern, können wir uns prinzipiell täuschen. Es ist möglich, daß ich mich vom Schmutz an meinen Fensterscheiben täuschen lasse und die Schlieren am Fenster für Regen halte. Es ist möglich, daß ich mich hinsichtlich der Jahreszahl 1945 nicht mehr richtig erinnere oder daß ich fälschlicherweise jemandem mein Vertrauen geschenkt habe, der behauptet hat, der Zweite Weltkrieg sei 1945 zu Ende gegangen. Es ist prinzipiell nicht auszuschließen, daß ich die beiden bayrischen Fußballmannschaften verwechselt habe. Wichtiger als diese skeptische Haltung ist aber, daß Platon eine bestimmte Annahme über unsere Erfahrungswelt macht, die schon der Vorsokratiker Heraklit vor ihm vertreten hat, dem Aphorismen wie ‚Alles fließt' oder ‚Man steigt nicht zweimal in denselben Fluß' zugeschrieben werden. Wiederholt läßt Platon Sokrates die These vertreten, daß sich unsere Erfahrungswelt unaufhörlich verändert und es aufgrund dieser steten Veränderung kein wirkliches Wissen von ihr geben kann. Platon spricht davon, daß unsere Erfahrungswelt die Welt des Werdens ist, in der die Dinge vergänglich sind, entstehen und vergehen, sich aber nichts wirklich Bleibendes findet. Entsprechend ist die Welt der Ideen die Welt des Seins. Mit der Beschreibung der Erfahrungswelt als der Welt des Werdens ist noch ein anderer Aspekt verbunden. Alles, was über die Erfahrungswelt gesagt wird, ist nicht uneingeschränkt richtig[11]. Wenn jemand beispielsweise von einer bestimmten Person sagt, sie sei schön, dann ist Platon zufolge dieser Satz nie vollständig wahr. Es gibt immer Aspekte der Person, unter denen betrachtet sie nicht schön ist. Vielleicht fühlt sich jemand von dem ebenmäßigen Gesicht der Person angezogen, aber beim Sprechen sieht er, daß die Zähne häßlich und unregelmäßig sind; oder er entdeckt, daß ihm die Hände der Person nicht gefallen. Von niemandem und nichts in unserer Erfahrungswelt läßt sich sagen, daß es wirklich in jeder Hinsicht schön ist. Das Schönsein kommt niemandem und nichts uneingeschränkt zu. Nur die Idee des Schönen ist wirklich schön, und deswegen kommt das Sein, in diesem Fall das Schönsein, nur ihr, aber nicht den Dingen der Erfahrungswelt zu. Aus diesem Grund ist von der Erfahrungswelt auch kein Wissen möglich; es kann keinen wahren Satz der Form: „Diese Person ist schön" geben, denn der Satz „Diese Person ist nicht schön" ist immer auch richtig. Weil aber Wissen notwendig mit Wahrheit verbunden ist und jemand nur das wissen kann, was wahr ist (sonst meint er höchstens, es zu wissen, weiß es aber nicht), kann man von Dingen der Erfahrungswelt, von denen immer gilt, daß sie eine Eigenschaft haben oder auch nicht haben können, kein Wissen erlangen. Deswegen ist dem Bereich CD im Liniengleichnis als Erkenntnisvermögen der bloße Glaube zugeordnet. Anders verhält es sich in bezug auf den Bereich der mathematischen Gegenstände. Die Behauptung beispielsweise, daß ein Dreieck aus drei Seiten besteht,

---

[11] Vgl. M. Frede: Being and Becoming in Plato, in: *Oxford Studies in Ancient Philosophy*, Suppl. (1988), 37–52.

ist notwendig wahr. Wenn jemand verstanden hat, was ein Dreieck ist, dann weiß er, daß es notwendig ist, daß diese geometrische Figur drei Seiten hat. Auch von den Ideen gilt, daß Wissen über sie möglich ist, denn es gibt keinen Aspekt, unter dem betrachtet eine Idee nicht vollständig das ist, was sie ist. In bezug auf die Idee des Schönen beispielsweise, also in bezug auf den Inbegriff dessen, was schön ist, gibt es keinen Aspekt, unter dem das, was schön im Sinne der Bedeutung des Begriffs ist, auch nicht schön ist. Nur die Idee des Schönen erfüllt die Kriterien, die Platon zur Bestimmung des Wissens aufgestellt hat. Daß mit dieser Annahme Probleme verbunden sind, werden wir im Zusammenhang mit den Einwänden, die Platon selbst gegen die Annahme von Ideen im *Parmenides* aufführt, noch sehen (vgl. S. 154 ff.).

(iii) Apriorisches Wissen und die Wiedererinnerung *(Menon)*
Mit der Auffassung, daß wirkliches Wissen nur von den mathematischen Gegenständen und den Ideen möglich ist, ist ein weiterer Aspekt verbunden. Wenn wir über unsere Erfahrungswelt sprechen, dann gebrauchen wir bestimmte Begriffe, deren Bedeutung wir nicht allein aus ihr erschließen und beispielsweise durch Wahrnehmung gelernt haben können. Platon läßt Sokrates behaupten, daß wir überhaupt nur dann irgendwelche Urteile über unsere Erfahrungswelt fällen können, wenn wir davon ausgehen, daß wir bereits über ein apriorisches, d.h. über ein nicht aus der Erfahrung gegebenes Wissen verfügen. Unser Erkenntnisvermögen ist keine leere Tafel, keine *tabula rasa*, auf der wir durch die Wahrnehmungsorgane Sinneseindrücke empfangen, die wir dann zu komplexeren Bildern über unsere Wirklichkeit verarbeiten. Vielmehr ist es bereits vorgeprägt und strukturiert aktiv die Sinneseindrücke. Diesen Aspekt des apriorischen Wissens arbeitet Platon vor allem im *Phaidon* u.a. am Beispiel des Wissens darum, was es bedeutet, daß Dinge gleich sind, heraus (*Phd.* 72e1–78b1). Wenn wir über unsere Erfahrungswelt sprechen, dann können wir Urteile fällen, in denen wir beispielsweise von zwei Dingen be-

haupten, sie seien einander gleich. Platon läßt Sokrates darauf aufmerksam machen, daß wir zwar ‚irgendwie' wissen, was es bedeutet, daß zwei Dinge gleich sind, daß wir dieses Wissen aber unmöglich aus der Wahrnehmung unserer Erfahrungswelt haben können, weil es in unserer Erfahrungswelt keine wirklich gleichen Dinge gibt. Woher stammt dieses Wissen um das, was das Gleiche ist, wenn es nicht aus der Erfahrungswelt kommen kann? Das gleiche Problem stellt sich, wenn wir von einer bestimmten Person behaupten, sie sei schön, oder ihr irgendeine andere Eigenschaft zusprechen. Wir haben bereits gesehen, daß für alles, von dem wir in unserer Erfahrungswelt meinen, es sei schön, auch gilt, daß es – unter einem bestimmten Aspekt – nicht schön ist. Was eigentlich das ist, was uns dazu veranlaßt zu sagen, jemand sei schön, können wir nicht aus der Erfahrung wissen, denn die Erfahrung lehrt uns, daß alles, was schön ist, auch nicht schön ist.

Platon erklärt das Wissen von dem Gleichen, das nicht aus der Erfahrung kommen kann, im *Phaidon* mit einem Mythos, auf den er auch in anderen Dialogen zurückgreift: Dem Mythos der Wiedererinnerung (gr. *anamnesis*). Der Mythos basiert auf bestimmten Annahmen über die Seele, die Platon wohl – vielleicht auf seiner ersten Reise nach Unteritalien und Sizilien – von den Pythagoreern übernommen hat, die die Seelenwanderung und damit verbunden die Unsterblichkeit der Seele angenommen haben. Im Anamnesismythos schildert Platon, wie die unsterbliche Seele vor ihrem Eintritt in einen Körper und der daraus resultierenden Geburt eines Menschen die Ideen, z. B. die Idee des Gleichen, schaut. Deswegen weiß ein Mensch a priori, d. h. unabhängig von den Erfahrungen, die er in seinem körperlichen Leben macht, was das Gleiche ist. Durch die Geburt und den damit verbundenen Schock verdunkelt sich aber dieses Wissen der Seele. Wenn jemand jetzt, nach der Vereinigung der Seele mit dem Körper, vor der Frage steht, was dieses Gleiche ist, dann versucht er sich daran zu erinnern, was er vorgeburtlich geschaut hat. Insofern ist Lernen nichts anderes als Wiedererinnerung.

Mit Hilfe des Anamnesismythos erklärt Platon im *Menon* auch das Wissen um geometrische Gesetze. Platon läßt Sokrates ein Gespräch mit einem Sklaven führen, der keinerlei schulische Ausbildung in Mathematik oder Geometrie gehabt hat. Sokrates fragt ihn nach der Lösung einer geometrischen Aufgabe (*Men.* 82b9–85b7). Allein durch sein Fragen gelingt es Sokrates, den Sklaven dahin zu führen, daß er selbständig die richtige Lösung findet. Platon läßt Sokrates diese Fähigkeit des Sklaven mit Hilfe der Anamnesis interpretieren. Das Wissen um die geometrischen Gegenstände ist kein Wissen, das er zu Lebzeiten erhalten hat. Er muß das Wissen vor seiner Geburt erhalten haben und erinnert sich jetzt wieder daran.

Es ist umstritten, welchen Status Platon der Anamnesislehre gegeben hat, d.h. ob er sie wirklich ‚wörtlich' verstanden wissen wollte. Im *Menon* wird sie eingeführt, um Sokrates' Gesprächspartner, den zur begrifflichen Untersuchung unwilligen Menon, zur weiteren Suche zu motivieren. Nach mehreren vergeblichen Definitionsversuchen der Tugend ist Menon unwillig, weitere Definitionen zu geben; er wendet ein, er wisse überhaupt nicht, wonach er suchen solle. Wie soll er die Tugend definieren können, wenn er nicht zuvor schon ein Wissen davon hat, was die Tugend ist? Wenn man etwas überhaupt nicht kenne, könne man es auch nicht definieren. In diesem Zusammenhang bringt Sokrates mit der Anamnesislehre ein Modell, das den Sinn der weiteren Suche nach der Definitionsformel deutlich machen soll: Menon wisse im Grunde schon, was die Tugend sei, weil er die Idee der Tugend vorgeburtlich geschaut habe. Die Suche bestehe in der Wiedererinnerung daran, was er lediglich vergessen habe. Auch im *Phaidon* führt Platon die Anamnesislehre nicht um ihrer selbst willen ein, sondern um anhand der Wiedererinnerung ein Argument für die Unsterblichkeit der Seele zu bringen. Die Anamnesisvorstellung soll plausibel machen, daß die Seele eines Menschen zumindest vor seiner Geburt existiert haben muß, denn anders wäre nicht zu erklären, woher man weiß, was es heißt, daß Dinge gleich sind. Der

Mythos der Anamnesislehre soll erklären, daß wir in unseren Urteilen über unsere Erfahrungswelt teilweise mit apriorischen Begriffen arbeiten, deren Bedeutung wir nicht aus der sinnlichen Wahrnehmung haben können. Welche Konsequenzen wir Leser und Leserinnen für unsere Auffassung der Wirklichkeit hieraus ziehen sollen, bleibt aber unklar.

(iv) Ideen als Ursachen *(Phaidon)*

Aus dem Liniengleichnis ergibt sich eine weitere Bestimmung der Art der Abhängigkeit der Erfahrungswelt von der Welt der Ideen: Die Ideen sind die Ursachen für die Erfahrungswelt. So wie die wahrnehmbaren Gegenstände Ursachen für ihre Schatten sind, so sind die Ideen Ursachen für die wahrnehmbare Wirklichkeit. Daß Ideen Ursachen sind, wird im *Staat* nur angedeutet, im *Phaidon* von Platon aber weiter ausgeführt. Platon skizziert im *Phaidon* zunächst eine Wirklichkeitsauffassung, auf die wir bereits im Zusammenhang mit der Interpretation des Sonnengleichnisses eingegangen sind (vgl. S. 92 f.). Wir verstehen die Welt dann, wenn wir sie auf ein Ziel hin, das Gute, verstehen. Das Gute ist die Ursache dafür, daß die Dinge so sind, wie sie sind. Platon läßt Sokrates nun behaupten, er habe sich zwar sehr darum bemüht, die Welt von dieser Ursache, dem Guten, her zu verstehen, es sei ihm aber nicht gelungen, und deswegen habe er lediglich eine „zweitbeste Fahrt" der philosophischen Untersuchung antreten können (*Phd.* 99 c 9–d 1). Mit der ‚zweitbesten Fahrt' übernimmt Sokrates ein Bild, das Simmias, einer der Gesprächspartner im *Phaidon*, bereits in den Dialog eingeführt hat. Simmias hat davon gesprochen, daß man in einer philosophischen Untersuchung den sichersten und unwiderleglichsten Meinungen folgen müsse, solange man nichts besseres, d. h. kein wirkliches Wissen habe. Diese Notwendigkeit, auf Meinungen zu setzen, gleiche der Notwendigkeit eines Menschen, der das Meer überqueren wolle, aber kein festes und sicheres Schiff, sondern nur ein Floß zur Verfügung habe. Weil er die beste Fahrt mit einem Schiff nicht antreten könne, bleibe ihm nichts anderes übrig, als eine ‚zweitbeste Fahrt' mit dem Floß zu beginnen (*Phd.* 85b10–e2). Für Sokrates bedeutet die zweitbeste Fahrt, die Untersuchung darüber, wie sich alles von dem Guten her verstehen läßt, fallenzulassen und statt dessen u. a. von der Voraussetzung auszugehen, daß es Ideen gibt, und daß diese Ideen Ursachen für unsere Erfahrungswelt sind.

Verdeutlichen wir uns diese These an zwei Beispielen aus dem *Phaidon*. Was ist die Ursache dafür, daß Simmias, der Sokrates um einen Kopf überragt, größer als Sokrates ist? Die richtige Antwort wäre Platon zufolge, daß Simmias wegen der Idee der Größe größer ist. Bei dieser Antwort sind zwei Aspekte wichtig. Erstens legt Platon die Auffassung nahe, daß nicht eine bestimmte Tatsache, sondern eine Idee die Ursache dafür ist, daß etwas so ist, wie es ist. Die Auffassung, daß die Ursache einer Tatsache eine Idee ist, mag dadurch nahegelegen haben, daß das griechische Wort für Ursache, *aitia*, ursprünglich aus der Gerichtssprache kommt. Man fragt bei einem Prozeß, wer die *aitia*, und d. h., wer verantwortlich dafür ist, daß eine bestimmte Tat verübt worden ist. Eine richtige Antwort auf eine solche Frage kann nicht darin bestehen, daß man sich auf Tatsachen beruft, sondern nur darin, daß man eine Person als Ursache, d. h. als Täter, benennt – selbst dann, wenn man viele Tatsachen dafür anführen kann, die mitverantwortlich dafür sind, daß die Tat geschah, z. B. die Tatsache, daß das Auto zu schnell gefahren oder die Straße durch Schnee und Eis spiegelglatt gewesen ist[12]. Der zweite Aspekt dieser Antwort liegt darin, daß Platon ausschließen möchte, daß jemand einen Körperteil, in diesem Fall den Kopf, als Ursache von Simmias' Größe annimmt. Der Kopf, meint Sokrates, erkläre nichts, und zwar nicht nur deswegen, weil natürlich nicht nur der Kopf, sondern der gesamte Körperbau die Größe von Simmias ausmache, sondern vor allem deswegen, weil es nicht im Wesen des Kopfes selbst liege, einen Menschen größer zu machen. Die Größe des Kopfes ist weder eine notwendige noch

---

[12] Vgl. D. Sedley: Platonic Causes, in: *Phronesis* 43 (1998), 114–132.

eine hinreichende Bedingung dafür, daß Simmias größer ist. Wenn man Simmias mit einem anderen, größeren Menschen vergliche, dann wäre es ebenso möglich zu sagen, daß Simmias um einen Kopf kleiner als der andere Mensch sei. Ein Kopf mache als Kopf keinen Menschen größer oder kleiner und könne nie Ursache dafür sein, daß jemand größer als jemand anderes sei. Simmias ist durch die Idee der Größe größer als Sokrates. Ein zweites Beispiel: Was ist die Ursache dafür, daß ein bestimmtes Bild schön ist? Die Ursache ist nicht, daß das Bild bestimmte Farben aufweist oder eine bestimmte Struktur hat. Es ist nicht wegen der Farben und Strukturen schön, sondern wegen der Idee des Schönen. Diese Behauptung begründet Platon damit, daß dieselben Farben und Strukturen, die dieses Bild schön erscheinen lassen, ein anderes Bild häßlich erscheinen lassen können. Die Ursache der Schönheit des Bildes kann nur das Schöne selbst sein. Wenn jemand verstehen will, warum ein bestimmtes Bild schön ist, dann ist es zwecklos, über Farben und Formen nachzudenken, weil es nicht Farben und Formen sind, die ein Bild schön machen. Man muß sich statt dessen der Frage zuwenden, was das Schöne selbst ist. Erst wenn diese Frage beantwortet ist, weiß man, warum ein bestimmtes Bild schön ist.

Mit diesen Beispielen legt Platon die Auffassung nahe, daß die Ursachen dafür, daß etwas so ist, wie es ist, Ideen sind. Ideen, wie die Idee der Gleichheit, der Schönheit oder der Größe geben die eigentliche Antwort auf die Frage nach den Ursachen dafür, daß Dinge so sind, wie sie sind. Diese Ursächlichkeit der Ideen impliziert nun ihre epistemische und ontologische Priorität (vgl. S. 97f.). Ideen sind epistemisch primär, weil wir eine Tatsache wie beispielsweise diejenige, daß ein bestimmtes Bild schön ist, nur dann verstehen können, wenn wir verstanden haben, was das Schöne ist, durch das das Bild schön ist. Sie sind ontologisch primär, weil etwas nur dann eine Ursache dafür sein kann, daß eine bestimmte Tatsache der Fall ist (die Tatsache etwa, daß ein bestimmtes Bild schön ist), wenn es diese Ursache wirklich gibt.

Ohne die Ursache könnte die Tatsache gar nicht bestehen, denn nach der Ursache zu fragen bedeutet danach zu fragen, was dasjenige ist, das dafür verantwortlich ist, daß die Tatsache besteht. Diese Ursache muß aber wirklich sein, denn sonst könnte sie nicht für die Tatsache, deren Ursache sie ist, verantwortlich sein.

Allerdings bleiben auch in Platons Konzeption der Ideen als Ursachen gewichtige Fragen offen. Was es beispielsweise bedeuten kann, daß diese Ursachen existieren, wissen wir noch nicht. Auch gegen Platons Behauptung, daß die Ursache eine Idee sein muß, lassen sich Vorbehalte anführen; zu behaupten, daß etwas F ist wegen der Idee von F, ist zwar, wie Platon Sokrates sagen läßt, einfach und sicher, aber ist es wirklich informativ, und erfüllt der Hinweis auf die Idee von F die Funktion der Erklärung, die eine Antwort auf die Frage nach den Ursachen erfüllen muß? Zwar macht Platon schon im *Phaidon* deutlich, daß man bei der Angabe der Idee nicht immer nur nach dem simplen Muster ‚die Ursache dafür, daß etwas F ist, ist die Idee von F' verfahren kann; so läßt er Sokrates beispielsweise darauf hinweisen, daß die Ursache dafür, daß etwas warm ist, nicht die Idee des Warmen, sondern das Feuer ist, oder die Ursache dafür, daß jemand krank ist, nicht die Idee der Krankheit, sondern das Fieber ist. Unklar bleibt aber, wann man die Frage nach der Ursache dafür, daß etwas F ist, richtig mit ‚die Idee von F' beantwortet und wann nicht. Weiterhin ist unklar, welche Art von Ursache eine Idee sein kann. Daß beispielsweise ein Baum Ursache für seinen Schatten oder ein Virus Ursache für eine Krankheit ist, bedeutet, daß der Baum seinen Schatten oder der Virus die Krankheit bewirkt; wir könnten hier von einer Wirkursache sprechen. Macht es aber Sinn, die Art der Ursächlichkeit der Idee als Wirkursache zu verstehen? In welchem Sinn ‚bewirkt' die Idee der Größe, daß Simmias größer als Sokrates ist? Wenn die Idee nicht in dem Sinn einer Wirkursache Ursache sein kann, in welchem anderen Sinn ist es dann vernünftig, von einer Idee als Ursache zu sprechen?

(v) Die Wirklichkeit der Ideen und der Aufstieg zum Schönen im *Symposion*

Warum Platon annimmt, daß die Ideen realer und wirklicher als die Gegenstände unserer Erfahrungswelt sind, haben wir auch mit dem Hinweis auf die Ideen als Ursachen noch nicht vollständig klären können. An einem Beispiel aus dem *Symposion* läßt sich die These der ontologischen Priorität der Ideen vielleicht plausibel machen. Im *Symposion* geht es um die Frage, was der Eros und das erotische Begehren sind. Anders als die anderen Dialoge Platons besteht dieser Dialog nicht aus Gesprächen, die Sokrates führt, sondern aus einer Reihe verschiedener Reden, die von den Teilnehmern eines Symposions, eines Trinkgelages, auf den Eros gehalten werden. Die Rede, die in unserem Zusammenhang relevant ist, ist die Rede, die Sokrates auf den Eros hält. Dabei vertritt Sokrates keine eigenen Thesen über den Eros, sondern referiert lediglich, was er als junger Mann von einer weisen Frau, einer Priesterin aus Mantinea namens Diotima, gelernt hat. Diotima weiht den jungen Mann in die Mysterien des Eros ein. Dabei bestimmt sie den Eros und das erotische Verlangen als die Liebe zum Schönen. Wenn ein Mensch auf etwas Schönes treffe, dann werde er in Liebe und Verlangen nach diesem Schönen entbrennen. Es sei diese unbändige Kraft, die die Menschen im Gott Eros preisen. Die Diotimarede schließt mit der Darstellung eines Weges, der einen vom Eros ergriffenen jungen Mann ausgehend von der Liebe zu einem schönen Menschen hin zur Erkenntnis und Schau der Idee des Schönen führt (*Smp.* 209 e 5–212 a 7). Dieser Weg besteht aus mehreren Stufen. Er beginnt auf der untersten Stufe damit, daß jemand in seiner Jugend spontan von der Schönheit eines anderen Menschen angezogen wird, von ihr fasziniert ist und den schönen Menschen sexuell begehrt. Die Tatsache, daß der Mensch schön ist, übt eine unmittelbare, auch physische Wirkung auf ihn aus. Der junge Mann wird sich zunächst in eine einzige Person, die er schön und attraktiv findet, verlieben und sie begehren. Dann aber – und damit erreicht er die nächste Stufe des Weges – erkennt er, wenn er nur richtig angeleitet wird, daß das, was ihn anzieht, nicht die konkrete Person, sondern eine bestimmte Eigenschaft ist, die die Person hat, nämlich die Eigenschaft, schön zu sein. Weil viele Menschen diese Eigenschaft haben, erkennt er, daß es in bezug auf die Schönheit keinen Grund gibt, nur einen einzigen Menschen zu begehren. Folgerichtig wird er zum Liebhaber aller schönen Menschen werden. Der nächste Schritt auf diesem Stufenweg besteht darin, daß der inzwischen nicht mehr ganz so junge Mann die Schönheit der Seele eines anderen Menschen mehr als die Schönheit des Körpers schätzt. Er erkennt, daß die Schönheit keine ausschließlich körperliche Eigenschaft und die Erfahrung der seelischen Schönheit intensiver und attraktiver als die der körperliche Schönheit ist. Daß die seelische Schönheit eines Menschen ungleich anziehender als die körperliche Schönheit sein kann, ist eine Erfahrung, die jeder schon einmal gemacht hat; die Attraktivität der Schönheit eines Menschen kann schnell nachlassen, wenn sich herausstellt, daß sie sich an einer charakterlosen und eingebildeten Person findet. Umgekehrt wird beispielsweise von Sokrates gesagt, daß er ein außerordentlich häßlicher Mensch gewesen sei; dennoch ist von ihm eine Anziehungskraft ausgegangen, die viele Menschen unmittelbar in ihren Bann geschlagen hat.

So wie die körperliche Schönheit die Sehnsucht nach einem körperlichen Zusammensein bewirkt, so bewirkt die seelische Schönheit den Wunsch nach Gesprächen, denn nur durch Gespräche ist es möglich, die seelische Schönheit zu erfahren. Die Gespräche haben zum Ziel, das, was die Schönheit überhaupt ist, deutlicher zu erkennen. Darum unterhält man sich über die Schönheit in den Lebensgewohnheiten, in den Gebräuchen und Sitten, sowohl in der eigenen Polis als auch in anderen Kulturen. Dabei kann den Gesprächspartnern deutlicher werden, worin die Einheit des Schönen eigentlich besteht. Der nächste Schritt auf dem Stufenweg besteht darin, daß man sich den Wissenschaften zuwendet und das Schöne in den Wissenschaften sucht, wobei wir vor allem an Arithmetik, Geometrie, Astronomie und Harmonie-

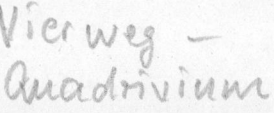

Vierweg – Quadrivium

lehre (vgl. *Rep.* 521c1–535a2) denken können. Die Aufmerksamkeit auf dieser Stufe gilt der Schönheit in den geordneten Strukturen unserer Wirklichkeit, mit denen sich diese Wissenschaften beschäftigen. Wer sich selbst intensiv mit der Schönheit in den Wissenschaften beschäftigt, erfüllt die Voraussetzungen dafür, das wirkliche Ziel seines Weges zu erreichen: Plötzlich, so schreibt Platon, kann es geschehen, daß er das Schöne selbst schaut, um dessentwillen er alle bisherigen Anstrengungen gemacht hat (*Smp.* 210e2–6). Das Schöne, das er schaut, ist von Natur aus schön. Es ist nicht mehr eine Eigenschaft an etwas anderem, sondern der Inbegriff des Schönen selbst.

Der von Diotima vorgetragene Stufenweg ist eine Interpretation des Phänomens der Attraktivität und des Angezogenseins in verschiedenen Bereichen. Das, was auf allen Stufen des Weges wirkt, ist das Schöne selbst. Das, was einen Menschen auf allen Stufen anzieht, ist nicht die konkrete Realisation des Schönen in den schönen Körpern, den schönen Seelen oder der Wissenschaft, sondern die Tatsache, daß diese Dinge die Eigenschaft, schön zu sein, haben. Deren Wirkung wird erfahren. Nun muß aber das, dessen Wirkung man erfahren kann, wirklich und real sein. Es wäre ganz unplausibel anzunehmen, daß etwas, das es gar nicht wirklich gibt, einen Menschen in Bann schlägt, ihn anzieht und eine so heftige Wirkung in ihm hervorrufen kann. Was wirkt, ist wirklich. Dabei wird die Wirkung um so größer und kontinuierlicher, je geistiger und abstrakter der Bereich ist, in dem das Schöne erfahren wird. So wie ein Magnet diejenigen Eisenspäne, die sich nahe am Magneten befinden, stärker und klarer auf die Pole ausrichtet als Späne, die sich nur entfernt vom Magneten befinden, so wird die Wirkung des Schönen intensiver erfahren, je geistiger der Bereich ist, in dem das Schöne sich realisiert.

Am Beispiel dieses Stufenweges kann deutlich werden, welche Erfahrung Platon dazu veranlaßt haben mag, die Ideen für wirklicher als unsere Erfahrungswelt zu halten: Es ist die Erfahrung der Anziehungskraft, der Attraktivität dessen, was schön ist. Bereits im

Zusammenhang mit der Interpretation mathematischer Gegenstände haben wir gesehen, daß es vielleicht sinnvoll ist, die Wirklichkeit idealer Gegenstände – nämlich der geometrischen Figuren – anzunehmen; im vorliegenden Zusammenhang erscheint es nun plausibel, die Wirklichkeit der Idee des Schönen anzunehmen, die von der Wirklichkeit der schönen Dinge in unserer Erfahrungswelt unterschieden werden muß. Die Fragwürdigkeit dieses Beispiels besteht freilich darin, daß das, was für das Schöne vielleicht nachvollziehbar sein mag, für andere Beispiele unplausibel ist. Warum wir über die Idee des Schönen hinaus noch andere Ideen wie beispielsweise eine Idee der Größe oder eine Idee des Tisches annehmen sollten, wird durch den Stufenweg nicht deutlich gemacht.

(vi) Die Eigenschaften der Idee

Die Idee des Schönen wird im *Symposion* mit verschiedenen Eigenschaften beschrieben, die sich als Eigenschaften einer Idee auch in anderen Dialogen ähnlich finden (*Smp.* 210e6–211b5). Das, was man schaut, ist die Natur des Schönen selbst, d. h. der Inbegriff dessen, was schön ist, in seiner Reinheit und unvermischt mit etwas nicht Schönem. Die Idee des Schönen ist göttlich, sie entsteht und vergeht nicht, ist ungeworden, sie wächst und schwindet nicht, sondern ist immer mit sich identisch und unvergänglich; sie ist nicht nur in einer Hinsicht schön, in einer anderen aber häßlich, nicht jetzt schön und später vielleicht nicht mehr, sie ist nicht im Vergleich mit etwas anderem schön; sie ist ohne einen Körper und befindet sich nicht als Eigenschaft an irgend etwas anderem, sondern ist an und für sich selbst eingestaltig und immer seiend.

Bei dieser Aufzählung der Eigenschaften der Idee fällt auf, daß viele Eigenschaften in der Negation der Eigenschaften von wahrnehmbaren Gegenständen bestehen. Positiv werden die Ideen kaum bestimmt. Es wird hauptsächlich gesagt, wie die Idee *nicht* ist, und selbst wenn Platon beispielsweise sagt, daß die Idee ewig ist, so erklärt sich die Ewigkeit der Idee daher, daß sie *nicht*, wie alle wahrnehmbaren Gegenstände, entsteht und vergeht. Dabei muß uns die negative Charakterisierung der Idee nicht verwundern. Unsere Sprache dient dazu, daß wir über unsere Erfahrungswelt reden und nachdenken können. Das, was nicht Teil der Erfahrungswelt ist, müssen wir mit Begriffen beschreiben, die wir unserer Sprache, mit der wir über die Erfahrungswelt sprechen, entnehmen. Wir verstehen leicht, was es heißt, daß etwas entsteht und vergeht, weil wir die Prozesse des Entstehens und Vergehens aus unserer Erfahrung kennen und wissen, was wir mit den Wörtern ‚entstehen' und ‚vergehen' bezeichnen. Es ist aber nicht möglich, ebenso positiv zu verstehen, was es bedeutet, daß etwas ewig ist; was ewig ist, können wir nur als eine Negation dessen, was wir in unserer Erfahrungswelt erleben, verstehen. Ewig ist etwas dann, wenn es nicht dem Prozeß des Entstehens und Vergehens, des Werdens unterworfen ist.

Mit den oben genannten Eigenschaften charakterisiert Platon die Wirklichkeit und Existenzweise der Idee. Wenn wir in unserer Alltagssprache danach fragen, ob etwas existiert oder nicht (z. B. ob Einhörner wirklich existieren), dann fragen wir normalerweise danach, ob es einen Gegenstand *in Raum und Zeit* gibt, der eine bestimmte Beschreibung erfüllt (etwa die, ob es ein Tier gibt, das wie ein Pferd aussieht, aber ein großes Horn trägt). Wenn wir sagen, daß Einhörner gar nicht existieren, dann meinen wir, daß wir zwar Bilder von ihnen malen oder Geschichten von ihnen erzählen können, daß es aber keine Stelle in Raum und Zeit gibt, an der wir lebendige Einhörner sehen könnten. Wenn Platon durch die Aufzählung der Eigenschaften einer Idee deutlich macht, daß die Idee keine Stelle in unserem Raum-Zeit-Kontinuum hat, dann verbindet sich damit nicht die Behauptung, daß die Ideen nicht existieren, sondern daß die Wirklichkeit der Ideen anders verstanden werden muß als die Wirklichkeit der Gegenstände in unserer räumlich und zeitlich bestimmten Welt. Wir können uns natürlich die Art der Existenz nicht ‚vorstellen', weil wir uns nur Dinge und Sachverhalte in unserer Erfahrungswelt vorstellen können. Die Art, wie die Ideen wirklich sind, wird durch das philosophische Denken erschlossen. Die philosophische Reflexion entdeckt Platon zufolge einen Bereich der Wirklichkeit, nämlich den der Ideen, der zwar nicht völlig unverbunden neben unserer Erfahrungswelt existiert (denn die Erfahrungswelt existiert durch Teilnahme an den Ideen, und ohne die Ideen gäbe es keine Erfahrungswelt), der aber nur dem Denken wirklich zugänglich ist.

(vii) Die Erkenntnis der Ideen
Wie und mit welcher Methode lassen sich die Ideen erkennen? Platon entwickelt seine Antwort auf die Frage nach der Erkennbarkeit der Ideen im *Staat* durch einen Vergleich mit der Erkenntnis mathematischer Gegenstände. Leider sind dabei seine Antworten auf die Frage nach der Erkenntnis der Idee knapper und undeutlicher als seine Antworten auf die Frage nach der Erkenntnis der mathematischen Gegenstände. Sowohl der Mathematiker, der sich mit geometrischen Gegenständen beschäftigt, als auch der Philosoph, der Ideen erkennen will, gehen von Hypothesen, also bestimmten Annahmen, aus. Der Mathematiker nimmt beispielsweise an, daß es einen Punkt oder eine Linie gibt. Darüber, was es bedeutet, daß es einen Punkt oder eine Linie gibt, denkt der Mathematiker als Mathematiker nicht weiter nach. Mit Fragen wie denjenigen, ob ein Punkt wirklich existiert oder wie die Existenz eines Punktes erklärt werden kann, wenn er nicht in Raum und Zeit existiert, braucht sich ein Mathematiker nicht zu beschäftigen, weil sein Forschungsinteresse anderen Fragestellungen gilt. Für den Mathematiker sind die Hypothesen Voraussetzungen, die er machen muß, damit er sinnvoll arbeiten und geometrische Gesetze erforschen kann.

Der Philosoph geht ebenfalls von Hypothesen aus und beginnt seine Untersuchungen mit ihnen. Während der Mathematiker aber die Hypothesen als unhinterfragte Ausgangsannahmen seinen Untersuchungen zugrunde legt, hinterfragt der Philosoph die Hypothesen. Sein Ziel ist dabei, durch immer weitere Rückfragen auf eine immer allgemeinere Hypothese und schließlich zu einem völlig voraussetzungslosen Anfang zu kommen. Von diesem voraussetzungslosen Anfang her gilt es dann, wieder hinabzusteigen, um so das ganze Gebiet der Ideen zu erforschen (*Rep.* 511b3–d5). Platon hinterläßt uns nicht mehr als diese Skizze der Ideenerkenntnis, die einiges im unklaren läßt. Im *Phaidon* geht Platon etwas ausführlicher auf die Frage ein, wie ein Philosoph mit Hypothesen umgeht und wie er zu allgemeineren Erkenntnissen kommt. Das hypothetische Verfahren im *Phaidon* besteht ähnlich wie im *Staat* darin, daß der Philosoph seinen Untersuchungen eine Annahme, eine Hypothese, zugrunde legt. Diese Hypothese ist diejenige Annahme, die man für die sicherste und klarste hält. Was aus dieser Annahme dann folgt, ist wahr, was ihr widerspricht, ist falsch. Die Hypothesen selbst können auch geprüft werden. Wenn sich aus der Hypothese Sätze ableiten lassen, die miteinander in Widerspruch stehen, muß die Hypothese falsch sein. Wenn sich die Hypothese aber bewährt, fragt der Philosoph nach einer noch allgemeineren Hypothese, aus der sich die ursprünglich angenommene erste Hypothese ableiten läßt. Diese noch allgemeinere Hypothese kann man nun wieder auf eine noch allgemeinere Hypothese zurückführen – so lange, bis man zu einem voraussetzungslosen Anfang kommt (*Phd.* 100a3–102a3). Worin dieser voraussetzungslose Anfang besteht, ist nicht immer deutlich. Im *Staat* wird nahegelegt, in der Existenz der Idee des Guten den voraussetzungslosen Anfang zu sehen, von dem aus der ganze Bereich der Ideen verstanden werden kann; im *Phaidon* scheint die Hypothese allgemeiner in der Annahme der Existenz von Ideen zu bestehen.

(viii) Der Anspruch der Ideenerkenntnis und die Methode des philosophischen Gesprächs

In diesem Zusammenhang entsteht nun allerdings ein gravierendes Problem. Um dieses Problem in vollem Umfang zu sehen, müssen wir noch einmal auf die philosophische Methode zurückkommen, mit der Platon in den frühen Dialogen seine Untersuchungen geführt hat. Methodisch versucht Platon sich einer Lösung der Frage nach der Definition eines Wertprädikats dadurch anzunähern, daß falsche Lösungen in einem Gespräch zwischen zwei Personen, bei dem sich beide Gesprächsteilnehmer an bestimmte Regeln halten, systematisch ausgeschieden werden. Eine Person – meist Sokrates – stellt eine Frage und formuliert Einwände, eine zweite Person versucht, Antworten auf die Fragen zu geben und seine Antworten gegen die Einwände zu verteidigen. Was kann aber eine solche Methode leisten? Sie kann offensichtlich immer nur dazu führen, daß die Gesprächspartner zu einer Definition kommen, die so gut ist, daß sie keiner der Gesprächspartner im Augenblick der Gesprächssituation widerlegen kann[13]. Die Gesprächsteilnehmer können aber nie wirklich sicher sein, daß die gefundene Definition richtig ist. Es ist nämlich nie auszuschließen, daß ein anderer, den bisherigen Gesprächsteilnehmern an Scharfsinn überlegener Gesprächspartner einen Einwand gegen die Definition vorbringt, der dann deutlich macht, daß die Definition, die die Gesprächsteilnehmer angenommen haben, falsch ist. Mit der Methode des Gespräches können sich die Gesprächsteilnehmer zwar auf eine Definition einigen, aber die Einigung garantiert nicht die Wahrheit der Definition. Zu einem sicheren Wissen darüber, ob die Definition richtig ist, kann man durch diese Methode prinzipiell nicht kommen.

Auch die im *Phaidon* skizzierte hypothetische Methode steht vor ähnlichen Schwierigkeiten. Wer garantiert, daß die Hypothesenfindung richtig ist? Die einzige Möglichkeit besteht darin, daß man die philosophische Untersuchung so sorgfältig wie möglich führt, aber die eigene Sorgfalt und der kritische Blick der Teilnehmer der Untersuchung kann nur *negativ* die falschen Lösungen aufdecken, aber nie *positiv* zeigen, daß die Lösung, zu der man gekommen ist, wirklich richtig ist. Auch deswegen spricht Platon im *Phaidon* nur von der ‚zweitbesten Fahrt'. Wir können die Ideen

---

[13] Vgl. P. Stemmer: *Platons Dialektik*, Berlin/New York 1992.

nicht direkt betrachten, sondern müssen unsere Untersuchung anhand von Sätzen führen, deren Wahrheit nicht garantiert ist, selbst wenn *wir* sie für sicher und klar halten. Nur dann, wenn wir einen unzweifelhaften und direkten Zugang zu den Ideen hätten, wäre die Wahrheit der Erkenntnis gesichert. Wir müßten die Ideen ‚sehen' können, so wie wir wahrnehmbare Gegenstände mit den Augen sehen können. Aber wie ist das möglich?

Dieselbe Spannung zwischen der Notwendigkeit von Ideenwissen einerseits und der Unmöglichkeit, durch die in den Dialogen angewandte Methode des philosophischen Gespräches zu sicherem Wissen von den Ideen zu kommen, kann man sich auch an dem Begriff des Philosophen verdeutlichen. Auf der einen Seite sagt Platon immer wieder, daß derjenige ein Philosoph ist, der die Weisheit oder die Wahrheit liebt (vgl. S. 46). Er macht deutlich, daß diese Liebe darin besteht, daß man nach Weisheit und Wahrheit strebt und daß dieses Streben voraussetzt, daß man die Weisheit und Wahrheit nicht hat. Andererseits behauptet Platon im *Staat*, daß der Philosoph derjenige ist, der weiß, was das Gute ist, und der die Ideen erkannt hat. Für einen idealen Herrscher einer idealen Polis reicht es nicht hin, nach dem Guten zu streben, denn dann wäre ein Irrtum nicht ausgeschlossen. Platon betont, daß der Philosoph ein Wissen um das Gute haben muß. Wie aber erreicht er dieses Wissen um das Gute, wenn die Methode des Gesprächs und der Argumentation nicht hinreicht, um das Gute zu erkennen?

(ix) Metaphysische Erfahrung *(Symposion)*
An verschiedenen Stellen bedient Platon sich der Metapher des Sehens, um die Erkenntnis der Idee zu beschreiben. Wir sind bereits im Zusammenhang mit der Anamnesislehre auf die Formulierung gestoßen, daß die Seele vor der Geburt die Ideen *geschaut* hat. Auch im Stufenweg des *Symposions* läßt Platon Diotima davon sprechen, daß derjenige, der diesen Weg geht, das Ziel hat, das Schöne selbst zu *schauen*. Nachdem er sich lange mit dem

Schönen in verschiedenen Manifestationen, zuletzt in der Wissenschaft, beschäftigt hat, kann es passieren, daß er „plötzlich ein von Natur aus wunderbar Schönes *erblickt*, und zwar jenes selbst, um dessentwillen er bisher alle Anstrengungen auf sich genommen hat" (*Smp.* 210e4–6). Im Zusammenhang mit dem Stufenweg (aber nicht nur dort) gebraucht Platon ein Vokabular, das bewußt an die Athener Mysterienkulte in Eleusis anknüpft. Der Höhepunkt der jährlichen Initiationsfeiern in die Mysterien in Eleusis war die Schau, in der den zu Initiierenden Gegenstände gezeigt wurden, deren Bedeutung uns heutigen Interpreten unklar ist. Die Nähe des Stufenweges zu Mysterienkulten wird im *Symposion* auch dadurch deutlich, daß der Stufenweg nicht von Sokrates selbst vorgetragen wird, sondern Sokrates nur das referiert, was er von der Priesterin Diotima gehört hat. Diotima trägt den Stufenweg als die letzte Stufe der Einweihungen in die Mysterien vor. Platon läßt sie dabei als eine Lehrerin auftreten, die von etwas berichtet, was sie selbst erfahren hat. Sokrates selbst hat die Erfahrung noch nicht gemacht, aber er glaubt, was Diotima berichtet, und das bedeutet, daß er die Interpretation und Wirklichkeitsauffassung, die Diotima gegeben hat und für die sie mit ihrer Person als Zeugin steht, akzeptiert (*Smp.* 212b1–4). Der Autor des *Siebten Briefes* schildert, auch wenn er nicht ausdrücklich von einer Schau spricht, eine ähnliche Erfahrung. Das, worum es in der Philosophie gehe, lasse sich nicht adäquat in Worte fassen. Durch die gemeinsame Bemühung um die Sache und aus einem gemeinsamen Leben entstehe es „plötzlich, wie ein Feuer, das von einem übergesprungenen Funken entfacht wurde, in der Seele und nährt sich dann schon aus sich heraus weiter" (*Ep. VII* 341c6–d2). Wie im *Symposion*, so geschieht die Schau plötzlich, d. h. unerwartet, aber nicht unvorbereitet. Es ist eine Erfahrung, die dem Übenden widerfährt, die er aber nicht aktiv erzwingen kann. Dabei ist viel Übung notwendig, um zum Ziel zu kommen.

Die Erfahrung, die Platon im *Symposion* schildert, sprengt die Grenzen begrifflicher Erkenntnis. Manche Interpreten sprechen

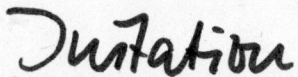

davon, daß es sich um eine religiöse oder eine mystische Erfahrung handele, aber die Begriffe der Religion oder der Mystik sind hier mißverständlich. Eine religiöse Erfahrung setzt eine Religion voraus, innerhalb der die Erfahrung gemacht und interpretiert wird; selbst wenn sich Platon im *Symposion* der Sprache des Mysterienkultes bedient, so wird die Erfahrung dennoch nicht innerhalb des Kultes gedeutet. Platons Philosophie ist keine Religion. Von einer mystischen Erfahrung zu sprechen ist ebenfalls problematisch; zwar hat das Bild des Stufenweges und der Schau im *Symposion* sowie die Rede vom überspringenden Seelenfunken im *Siebten Brief* die mystische Literatur des Christentums stark geprägt; die christlichen Mystiker betonen aber immer wieder die geringe Bedeutung der begrifflichen Anstrengung und Reflexion für die mystische Erfahrung. Demgegenüber setzt die Erfahrung der Schau, die Platon beschreibt, die intensive Beschäftigung mit den Wissenschaften und der Philosophie voraus. Andere Interpreten sprechen lediglich von einer intuitiven Erkenntnis (im Unterschied zu einer diskursiven Erkenntnis), aber dabei werden weder die Metaphern aus den Mysterienkulten noch die Wirkung, die die Schau auf die Menschen hat, hinreichend gewürdigt; Platon schreibt, daß erst die Erfahrung der Schau das Leben eines Menschen lebenswert macht, daß sie wahre Tugenden ermöglicht und dem Menschen die Unsterblichkeit sichert (*Smp.* 211d1–212a7). Es ist deswegen wohl angemessener – wenn man überhaupt dem Kind einen Namen geben will –, nicht von einer religiösen oder mystischen Erfahrung oder lediglich einer intuitiven Erkenntnis, sondern von einer metaphysischen Erfahrung zu sprechen, von einer Erfahrung also, die eine Erfahrung von etwas jenseits (gr. *meta*) dessen ist, was unsere unmittelbar erfahrbare und objektiv beschreibbare Wirklichkeit (gr. *physis*) ist. Diese metaphysische Erfahrung versetzt denjenigen, der die Erfahrung macht, in die Lage, über eine Form von Wissen zu verfügen, von dem er erkennt, daß es dieses Wissen gewesen ist, das er stets gesucht hat. Die metaphysische Erfahrung überbrückt den Graben zwischen der Notwendigkeit der Ideenerkenntnis und der Unmöglichkeit, durch die Methoden der Diskussion zu einem gesicherten Wissen zu kommen.

Von dieser metaphysischen Erfahrung her wird die These, daß die Welt der Ideen gegenüber unserer Erfahrungswelt wirklicher und realer ist, noch einmal verständlicher. Im *Symposion* wird die Erfahrung der Schau des Schönen deutlich von der Erfahrung der schönen Dinge in unserer Erfahrungswelt unterschieden. Das Schöne selbst ist ewig, es entsteht und vergeht nicht, es ist nicht nur in einer bestimmten Hinsicht schön, es ist gestaltlos und nicht als eine Eigenschaft an etwas anderem schön (*Smp.* 210e6–211b5). Platon beschreibt die Erfahrung als eine Erfahrung von etwas Unbedingtem und Absolutem. Die Erfahrung und die Wirkung der Erfahrung für sein Leben erlaubt demjenigen, der die Erfahrung gemacht hat, nicht, an seiner Erfahrung zu zweifeln. Wer eine derartige Erfahrung gemacht hat, wird – im Kontext von Platons Philosophie – nicht umhinkommen, die ontologische Priorität und die Wirklichkeit der Ideen anzunehmen. Freilich hinterläßt die Schau den Interpreten auch mit einer mehr oder weniger großen Ratlosigkeit. Was uns, die wir normalerweise diese metaphysische Erfahrung nicht gemacht haben, bleibt, ist die ‚zweitbeste Fahrt'. Uns bleibt nichts anderes übrig, als die philosophischen Untersuchungen begrifflich zu führen, und – wie Platon sagt – die Flucht weg von der Betrachtung der Dinge an sich hin zu den *logoi*, d. h. zu der Art und Weise, wie wir über die Dinge sprechen, anzutreten. Ob wir darauf hoffen wollen, daß uns durch die begrifflichen Untersuchungen eine Erfahrung zuteil wird, in der uns deutlicher wird, was Platon mit der Schau des Schönen gemeint hat, und ob wir bereit sind, Platons Schilderung der Schau als Interpretation für unsere Auffassung von Wirklichkeit zu akzeptieren – gerade so, wie Platon im *Symposion* Sokrates die Interpretation der Wirklichkeit von Diotima akzeptieren läßt –, wird von Prämissen und Annahmen abhängen, die zu diskutieren das Anliegen der vorliegenden Einführung weit überschreitet.

(x) Dialektik als Methode der philosophischen Untersuchung?
Im Zusammenhang mit Platons Annahme von Ideen und der Frage nach der Erkenntnis der Ideen wird manchmal die Auffassung vertreten, Platon arbeite in den mittleren Dialogen mit einer philosophischen Methode, die sich grundlegend von der Methode, die er in den frühen Dialogen anwendet, unterscheide. Während er sich in den frühen Dialogen methodisch der sogenannten Elenktik, d. h. der Widerlegung einer These, bediene, seien seine Untersuchungen in den mittleren (und späten) Dialogen dialektisch. Die Elenktik der frühen Dialoge könne als Methode immer nur dazu führen, daß falsche Antworten verworfen werden, die Dialektik hingegen führe zu gesichertem Wissen[14]. Hinter dieser Unterscheidung steht bei manchen Autoren noch die Annahme, daß die Elenktik die für Sokrates charakteristische Methode gewesen ist und Platons Leistung darin besteht, die Dialektik in die Philosophie eingeführt zu haben.

An dieser These ist ohne Zweifel richtig, daß Platon, wohl zunächst in dem *Staat* und dann vor allem in den späten Dialogen, den Philosophen als Dialektiker und seine für ihn charakteristische Fähigkeit als die Kunst der Dialektik bezeichnet. Das Wort ‚Dialektik' leitet sich vom griechischen *dialegesthai*, d. h. ‚sich unterhalten' ab. Dialektik ist vom Wortgebrauch zunächst nicht mehr als die Kunst des Gesprächs oder der Unterhaltung. Schon einige Sophisten haben ihre Tätigkeit als die Kunst der Dialektik bezeichnet. Wenn Platon den Philosophen als einen Dialektiker bezeichnet, dann deswegen, weil er die Kunst einer philosophischen Untersuchung beherrscht und die Regeln kennt, denen eine philosophische Untersuchung genügen muß. Daran, daß man Platons Methode in den mittleren und späten Dialogen sinnvollerweise als dialektisch bezeichnen kann, besteht folglich kein Zwei-

---

[14] Vgl. z. B. H.-G. Gadamer: Hegel und die antike Dialektik, in: *Hegel-Studien* 1 (1961), sowie zahlreiche von Hegel und Gadamer inspirierte Platoninterpretationen. Zur Kritik an derartigen Interpretationen vgl. P. Stemmer, *Platons Dialektik*, Berlin/New York 1992.

fel, weil er sie selbst so bezeichnet hat. Problematisch ist allerdings die Unterscheidung zwischen Elenktik und Dialektik und vor allem die damit verbundene Annahme, die Dialektik führe im Unterschied zur Elenktik zu gesichertem Wissen. Zunächst wird diese These den frühen Dialogen nicht gerecht. Es stimmt nicht, daß die Methode, die Platon in ihnen anwendet, ausschließlich darin besteht, falsche Thesen zu widerlegen. Bereits in den frühen Dialogen gebraucht Platon, je nach Fragestellung und Kontext, ganz verschiedene philosophische Methoden. Wir sind im Zusammenhang mit der Diskussion des *Euthyphron* darauf gestoßen, daß in dem letzten Teil der aporetischen Definitionsdialoge sich ein ,positives' Ergebnis abzeichnet, das aber wiederum in Schwierigkeiten führt, die zuvor gelöst werden müssen, wenn das Ergebnis gesichert sein soll (vgl. S. 72 f.). Außerdem gibt es viele frühe Dialoge, beispielsweise *Gorgias*, *Protagoras*, *Euthydemos*, in denen Platon nur sehr vereinzelt ein elenktisches Verfahren gebraucht, d. h. falsche Thesen mit guten Gründen widerlegt. Wenn Platon etwa dafür argumentiert, daß die Dinge, die wir anstreben, in einer teleologischen Ordnung zueinander stehen, oder wenn er Sokrates begründen läßt, warum Unrecht zu leiden besser sei, als Unrecht zu tun, dann geht er methodisch nicht so vor, daß falsche Thesen widerlegt werden. Umgekehrt findet sich sowohl in den mittleren als auch in den späten Dialogen eine Fülle von verschiedenen Untersuchungsmethoden; eine der Stärken von Platons Philosophie ist gerade, daß er sehr genau darüber nachdenkt, was für eine Methode man sinnvollerweise verwenden soll, wenn man ein bestimmtes Thema philosophisch untersuchen will. Dadurch, daß man undifferenziert von ,Platons Dialektik' spricht, wird man dieser methodischen Mannigfaltigkeit nicht gerecht. Noch irreführender an der Unterscheidung zwischen (lediglich widerlegender) Elenktik und (zu positiven Ergebnissen führender) Dialektik ist aber, daß durch diese Unterscheidung nicht deutlich wird, daß die philosophischen Untersuchungen der mittleren (und späten) Dialoge vor ähnlichen Problemen stehen wie die Versuche der Begriffsbestimmung in den frühen aporetischen Definitionsdialogen. Wir haben gesehen, daß das hypothetische Verfahren, das Platon im *Staat* und im *Phaidon* zur Erkenntnis der Ideen skizziert, vor derselben grundsätzlichen Schwierigkeit steht wie die Elenktik: Wir können nie wirklich sicher sein, daß die Hypothese, von der wir ausgehen, richtig ist, sondern müssen uns als Menschen mit der ‚zweitbesten Fahrt' zufriedengeben (vgl. S. 119f.). Die Idee des Guten wird im *Staat* ebensowenig bestimmt, wie die Idee des Frommen im *Euthyphron* definiert wird. Platon gibt kein Verfahren an, das wir anwenden könnten, um zu bestimmen, was das Gute ist. Auch die Schau des Schönen im *Symposion* löst dieses Problem nicht, denn Platon skizziert kein verallgemeinerungsfähiges, methodisch geordnetes Verfahren, das jeder anwenden kann, wenn er Ideen erkennen möchte. Daß Platon im *Symposion* den Stufenweg zur Schau einer Priesterin in den Mund legt, von der Sokrates lernt, deutet vielmehr darauf hin, daß er in dem Stufenweg und der Schau zwar ein vielleicht außerordentlich attraktives Modell der Ideenerkenntnis gesehen hat, ihm aber auch deutlich gewesen ist, daß es kein methodisch geordnetes Verfahren geben kann, auf diesem Wege wirklich Ideen ‚zu sehen'. Die Schau des Schönen wirft vielmehr wiederum philosophische Probleme auf, auf die Platon teilweise in den späten Dialogen eingeht. Und die Tatsache, daß Platon in keinem einzigen Dialog, den er nach dem *Symposion* geschrieben hat, die Ideenschau als Methode der begrifflichen Argumentation vorzieht, läßt es wahrscheinlich erscheinen, daß er sich der mit der Schau verbundenen Probleme durchaus bewußt gewesen ist.

Das Problem der Unterscheidung zwischen Elenktik und Dialektik liegt folglich in der Annahme, daß die Dialektik zu gesichertem Wissen führt. Nun legt der Begriff der Dialektik dieses Mißverständnis in gewisser Hinsicht nahe, denn es ist dieser Begriff, der vor allem von Hegel und von an Hegel anknüpfenden Philosophen für eine philosophische Methode verwandt wird, die – jedenfalls ihrer Auffassung nach – wirklich zu Wissen führt. Es ist deswegen auch nicht überraschend, daß sich vor allem Platoninterpreten in der Tradition Hegels gerne am Begriff der Dialektik orientieren. Um diesem Mißverständnis zu entgehen, wird in der vorliegenden Einführung darauf verzichtet, im Zusammenhang der mittleren und späten Dialoge von Dialektik zu sprechen, auch dann, wenn Platon die philosophische Methode, die er anwendet, selbst so genannt hat. Was Dialektik konkret ist, läßt sich nur dadurch bestimmen, daß man differenziert die Methoden beschreibt, die Platon in den mittleren und späten Dialogen zur Untersuchung philosophischer Probleme anwendet. Schon in den mittleren Dialogen hat sich dabei gezeigt, daß Platon ganz verschiedene Methoden anwendet, um die philosophischen Fragen, die er jeweils diskutiert, zumindest soweit zu beantworten, daß deutlich wird, welche weitergehenden Fragen man beantworten muß, um die ursprüngliche Ausgangsfrage zu klären. Dieses Verfahren ändert sich auch in den späten Dialogen nicht. In den späten Dialogen spricht Platon zwar nicht mehr von einer Ideenschau, aber auch dort skizziert er, wie wir sehen werden (vgl. S. 167 ff.), ein Ideal einer Methode, ohne daß dieses Methodenideal innerhalb der Dialoge durchgeführt wird.

Das Höhlengleichnis

Das dritte Gleichnis im *Staat*, das Höhlengleichnis, gehört zu den bekanntesten Texten, die Platon geschrieben hat. Das Gleichnis ist ein Bild unserer *conditio humana*, unserer menschlichen Grundverfassung. Es schildert einen Menschen, der den Weg vom Reich der Schatten hin zur Schau der Idee des Guten und wieder zurück in die Schattenwelt geht. Weil das Höhlengleichnis viele Aspekte des Sonnen- und Liniengleichnisses zusammenfaßt, leicht verständlich ist und der Schwerpunkt auf der Beschreibung des mit Mühen und Schmerzen verbundenen Erkenntnisweges liegt, sei das Gleichnis hier als Abschluß und Zusammenfassung der Gleichnisse nur knapp skizziert. Platon vergleicht die Situation von uns Menschen mit Bewohnern in einer Höhle, die mit dem Rücken zum Höhleneingang auf Stühlen gefesselt sitzen und auf die Höhlenwand blicken. Hinter den Höhlenbewohnern brennt ein Feuer. Zwischen dem Feuer und den gefesselten Menschen werden Figuren hin- und hergetragen, die Schatten auf die Höhlenwand werfen. Die Menschen halten diese Welt der Schatten für die eigentliche Realität (vgl. DE im Liniengleichnis). Was würde passieren, wenn ein Mensch gewaltsam von seinem Stuhl losgebunden wird? Zunächst würde er verwirrt nicht durchschauen, daß das, was er bisher für die wirkliche Welt gehalten hat, nur Schatten und Abbilder der Figuren sind, die vor dem Feuer hin- und hergetragen werden. Wenn man ihn dann zwingen würde, unter großen Mühen den steilen Weg bis an den Höhleneingang zu gehen, würde er vom Licht der Sonne zunächst vollständig geblendet werden und unfähig sein, irgend etwas zu erkennen. Erst langsam würden sich seine Augen an das Licht gewöhnen; zunächst würde er die Schatten der Dinge erkennen, dann die Spiegelbilder im Wasser, zuletzt die Dinge selbst. Den Himmel wird er zunächst nachts betrachten wollen, und erst nach einer langen Gewöhnungszeit wird er bereit sein, die Sonne selber zu sehen. Er wird erkennen, daß es die Sonne ist, die die Jahreszeiten schafft und so Ursache von allem ist. Jetzt erst versteht er den Zustand der Menschen, die gefesselt die Schattenwelt für die Wirklichkeit halten. Ihn treibt es, wieder zurück in die Höhle zu gehen und die Menschen über ihre wahre Situation aufzuklären. Die Menschen aber, die sich in ihrer Scheinwelt von Geschäften und Alltagssorgen wohlfühlen und eingerichtet haben, wollen ihn nicht hören; der Unwille wird so weit gehen, daß sie ihn werden umbringen wollen – das Los, das Sokrates beschieden war.

7. Die Einheit der mittleren Dialoge

Bei der Darstellung der mittleren Dialoge haben wir vor allem die Entwicklung von Platons Metaphysik und die damit verbundenen erkenntnistheoretischen Fragen in den Vordergrund gestellt. Charakteristisch für die mittleren Dialoge ist aber nicht allein, daß Platon in ihnen ein bestimmtes Verständnis von dem, was Ideen sind, entwickelt, sondern ebenso, daß er unter der Voraussetzung der Annahme von Ideen nun auch andere philosophische Themen diskutiert. Wir sind bereits auf Platons philosophische Psychologie mit der Annahme der drei Seelenvermögen aufmerksam geworden (vgl. S. 82 ff.), die ohne die Annahme der Idee des Guten, auf die die Vernunft ausgerichtet ist, nicht verstanden werden kann. Überhaupt finden sich im *Staat* viele Abhandlungen, in denen Platon verschiedenste Bereiche der Wirklichkeit unter der Annahme von Ideen zu verstehen versucht. Der weitaus größte Teil des *Staates* ist nicht einer Bestimmung der Idee, sondern einer Diskussion über die Frage nach der idealen Verfassung einer Polis und nach der richtigen Erziehung der Bürger gewidmet. Innerhalb dieser Fragestellung findet sich eine ausführliche Diskussion über Kriterien für gute Dichtung, Malerei und Musik. Das bedeutet aber nicht, daß die Bestimmung der Idee des Guten nur ein Thema neben anderen ist; es ist vielmehr von zentraler Bedeutung für Platon, weil sämtliche Auffassungen, die er Sokrates vortragen läßt, auf der Annahme von Ideen und der damit verbundenen Sicht der Wirklichkeit beruhen. Der Versuch, von der Ideenannahme her die gesamte Wirklichkeit zu verstehen, findet sich nicht nur im *Staat*. Im *Symposion* entwickelt Platon beispielsweise eine Interpretation der Sexualität, die als ein Trieb nach Unsterblichkeit verstanden werden muß, der erst in der Schau des Schönen seine Erfüllung findet. Im *Phaidon* legt Sokrates ausgehend von der Annahme der Ideen Beweise für die Unsterblichkeit der Seele und eine Vorstellung des Lebens der Seele nach dem Tode des Menschen vor. Dabei wäre es ein Mißverständnis, die verschiedenen Zugänge zu den Ideen in den verschiedenen mittleren Dialogen voneinander zu isolieren; wenn Platon im Kontext des *Staates* über die Idee des Guten und im *Symposion* über die Idee des Schönen nachdenkt, dann weist er auch darauf hin, daß die Leser der Dialoge diese Fragen lediglich als zwei Aspekte ein und derselben Wirklichkeit begreifen sollen (vgl. z. B. *Smp.* 204c7–206a12). Die Überlegungen zur Idee des Schönen zielen auf dieselbe Wirklichkeit wie die Überlegungen zur Idee des Guten, ohne daß Platon aber, wie es in der späteren platonischen Tradition geschah, diskutiert, ob die Idee des Guten mit der Idee des Schönen identisch ist oder nicht. Die Frage nach einer möglichen Identifikation der Idee des Schönen mit der Idee des Guten setzt einen anderen Fragekontext voraus, den nach einer geschlosseneren systematischen Theorie, auf die Platons Überlegungen vielleicht zielen, die er aber nicht ausgearbeitet hat. Zusammengenommen skizzieren die mittleren Dialoge eine bestimmte Wirklichkeitsauffassung, in der der Versuch gemacht wird, alle Bereiche der Wirklichkeit von der Realität der Ideen her zu verstehen. Als zwei Beispiele für die enge Beziehung zwischen der Annahme von Ideen und Platons Behandlung anderer philosophischer Themen seien zunächst Platons Verfassungstheorie und daran anschließend seine Vorstellungen über das Leben der Seele im Jenseits vorgestellt.

a) Politische Philosophie

Im *Staat* läßt Platon Sokrates die These vertreten, daß die Philosophen Herrscher bzw. die Herrscher Philosophen sein müssen, weil sie allein das Gute kennen. Von dieser These her skizziert er eine Verfassung, die Nähe zu einer Königsherrschaft oder einer Aristokratie, d.h. einer Herrschaft der Besten, aufweist. Platon unterscheidet dabei drei Klassen voneinander, einmal die Philosophenherrscher, zum zweiten die Wächter der Polis, die die Polis militärisch nach außen verteidigen und für die Aufrechterhaltung der inneren Ordnung verantwortlich sind, und drittens die einfachen Bürger, d.h. die Bauern, Handwerker und Händler. Diesen drei Klassen der Polis entsprechen die drei Seelenteile eines Menschen (vgl. S. 83); die Herrscher entsprechen der Vernunft, die Wächter den Emotionen und die Bürger dem dritten Seelenteil, dem Sitz der Triebe. Daß diese Analogie zwischen den drei Seelenteilen und den Klassen der Polis nicht zu strikt verstanden werden darf, ergibt sich schon daraus, daß Platon keineswegs den Wächtern oder den Bürgern Vernunft abspricht. Die Analogie besteht vielmehr hinsichtlich ihres jeweils besten Zustandes. Die Seele ist dann in ihrem besten Zustand, wenn sich alle drei Seelenteile in Harmonie miteinander befinden. Diese Harmonie wird dadurch erreicht, daß sich jeder Seelenteil in seinem ihm von Natur aus gegebenen Zustand befindet, so daß sich der Mensch beispielsweise nicht von seinen Emotionen und Trieben, sondern von der Vernunft leiten läßt, die wiederum ihrerseits die Emotionen und Triebe ordnet. Ebenso befindet sich die Polis in dem besten Zustand, wenn jedes Mitglied der Polis das Seine tut, d.h. seinen Platz in der Polis und in der Klasse gemäß seinen ihm von der Natur gegebenen Talenten und Fähigkeiten einnimmt. Dabei geht Platon davon aus, daß jeder eine einzige Sache am besten kann. Wenn jeder nur das eine tut, was seinen natürlichen Fähigkeiten entspricht, dann entsteht Harmonie in der Polis, und die Polis befindet sich in ihrem bestmöglichen Zustand. Andererseits verfällt die Polis, wenn jemand mehr sein will als er ist, wenn Bürger Wächter sein wollen oder Wächter beginnen, Ambitionen zur Herrschaft zu entwickeln.

Damit eine solche Verfassung realisiert werden kann, ist Platon zufolge vor allem sorgfältig auf die Erziehung der Kinder und Jugendlichen zu achten. Die Erziehung kann nicht mehr in der Hand der Eltern liegen, sondern ist Aufgabe der Polis. Ein besonderes Gewicht liegt dabei auf der Auswahl der Dichtung. Weil viele der griechischen Mythen wegen ihrer brutalen und unmoralischen Götter- und Heldenvorstellungen einen schlechten Einfluß auf die Charakterbildung der Kinder und junger Menschen haben, unterliegt die Literatur, ebenso wie die Musik, die die Emotionen eines jungen Menschen formen, einer strikten Zensur; die zu Platons Zeiten ‚klassischen' Erzählungen von Homer werden ebenso wie Hesiods Mythen aus dem Idealstaat verbannt. Während Platons Kritik an der Dichtung im Zusammenhang mit seinem Erziehungsprogramm noch relativ moderat ausfällt, weil er nicht jede Form von Dichtung ablehnt, verschärft er im zehnten Buch des *Staates* seine Kritik. Jede Form der Dichtung sei abzulehnen. Diese These wird zum einen mit Hilfe der Unterscheidungen, die Platon im Liniengleichnis eingeführt hat, begründet. Die Dichtung ist der untersten Stufe der Wirklichkeit, dem Bereich der Schatten, zuzuordnen. Ein Dichter kennt die Dinge nicht, über die er schreibt; wenn Homer sich beispielsweise in der Medizin oder in Fragen der Verfassung wirklich ausgekannt hätte, dann wäre er sinnvollerweise ein Arzt oder ein Politiker geworden. So wie ein Maler, wenn er ein Bett malt, kein Wissen darum haben muß, was ein Bett ist, aus was für einem Material es besteht, was seine Funktion ist usw., so hat auch der Dichter kein Verständnis für die Dinge, über die er dichtet. Zweitens begründet Platon seine Ablehnung jeglicher Dichtung mit der Wirkung der Dichtung. Jede Form der Dichtung tendiere notwendig dazu, unvernünftige und schlechte Charaktereigenschaften herauszustellen. Kein Dichter ist, wenn er Erfolg haben will – und das will jeder –, motiviert, ein Loblied auf die Tugenden zu verfassen, weil die Erzählung des gelungenen Lebens eines guten Menschen für die meisten Leute schlicht langweilig wäre. Was die Leute sehen wollen, sind übertrieben dramatische Schilderungen innerer Konflikte und Menschen, die ihrem Verderben entgegengehen. Selbst in den besten Menschen werde durch die Dichtung bzw. durch die Identifikation des Zuschauers mit den Akteuren – sofern es sich bei der Dichtung um ein Theaterstück handelt – Mitgefühl mit den Verbrechern erzeugt. Durch diese Identifikation werde der Charakter der besten Menschen korrumpiert. Jede Form von Dichtung sei darum abzulehnen. Die Dichter müßten deswegen vollständig aus der idealen Polis verbannt werden. Daß sich Platon, dessen Dialoge teilweise literarisch zu den größten Dichtungen gehören und in dessen Werken sich wie bei keinem anderen Philosophen dichterische Elemente bis zur Erfindung ganzer Mythen finden, hier in einer nicht aufzulösenden Spannung zu seiner eigenen schriftstellerischen Tätigkeit befindet, ist offensichtlich. Es ist aufschlußreich, daß Platon seine Kritik an der Dichtung damit begründet, daß die Dichtung wesentlich dazu führt, daß die Menschen das, was sie sehen, nachahmen. Erst dadurch, daß die Menschen die negativen Helden der Dichtung nachahmen, wirkt die Dichtung verheerend. Aristoteles wird eine andere Interpretation der Dichtung bringen: Dichtung dient der inneren Reinigung der Menschen. Durch die Reinigung ihrer Emotionen müssen sie ihre Aggressionen nicht mehr konkret ausleben. Die Identifikation mit dem negativen Helden eines Dramas ermöglicht es ihnen, stellvertretend über den Helden ihre Aggressionen zu bewältigen. Damit haben Platon und Aristoteles zwei Interpretationen von Dichtung geschaffen, die bis heute in der Diskussion, beispielsweise in der Frage, ob brutale Filme einen schädlichen Einfluß auf die Charakterentwicklung Jugendlicher haben, vertreten werden.

Die Notwendigkeit der Kontrolle über die Bürger führt Platon bis zu einem eugenischen Programm, bei dem die Herrscher bestimmen, wer mit wem Kinder zeugen darf und wer nicht. Es ist nicht nur die Eugenik, sondern auch die Vorstellung, daß das Individuum sich vollständig dem Ganzen unterordnen muß, die manche Kritiker, an prominentester Stelle Karl Popper, dazu veranlaßt haben, in Platon den geistigen Wegbereiter des modernen Totalitarismus zu sehen. Auch wenn sich gezeigt hat, daß Poppers Kritik am Staatskonzept Platons an vielen Stellen der philologisch-philosophischen Detailanalyse des *Staates* nicht standhält, so hat er doch wesentlich zu einem kritischeren Verständnis von Platons Konzeption des Idealstaates beigetragen und gezeigt, wie zwiespältig Platons Programm des ‚guten Totalitarismus‘ ist.[15]

Aus dem Prinzip, daß jeder dasjenige tun soll, zu dem er von Natur aus veranlagt ist, folgt, daß zumindest im Normalfall jeder Bürger in derjenigen Klasse bleibt, in die er hineingeboren worden ist; zeigt sich aber, daß beispielsweise ein Wächter besonders begabt ist und aufgrund seiner Talente die Möglichkeit hat, sich einem ausgedehnten Bildungsprogramm zu unterziehen, das ihn über die Beschäftigung mit Arithmetik, Geometrie, Musiktheorie und Philosophie hin zur Erkenntnis der Idee des Guten führt, dann kann der Wächter zur Klasse der Herrscher aufsteigen. Wenn sich andererseits ergibt, daß er unfähig ist, seine Emotionen so zu ordnen, daß er für seine militärischen und polizeilichen Aufgaben geeignet ist, steigt er in die Klasse der einfachen Bürger ab.

Es ist in diesem Zusammenhang interessant, daß Platon ausdrücklich die Auffassung vertritt, Frauen seien für das Herrschaftsamt ebenso geeignet wie Männer und daß es am besten wäre, wenn Männer und Frauen gemeinsam über die Polis herrschen würden. Platon widerlegt das Argument, daß Frauen zur Herrschaft ungeeignet seien, weil sie eine andere Natur als die Männer hätten und aus einer ungleichen Natur eine ungleiche Aufgabe folge, mit dem Hinweis darauf, daß die Naturunterschiede keine relevanten Unterschiede in bezug auf die Herrschaftsausübung sind. Allein die philosophische Begabung und das philosophische Wissen legi-

---

[15] Vgl. K. Popper: *Die offene Gesellschaft und ihre Feinde,* Bd. 1: Der Zauber Platons, München 1980[6].

timieren den Herrschaftsanspruch, und in dieser Hinsicht gibt es keinen relevanten Unterschied zwischen Frauen und Männern (*Rep.* 452e4–457b7)[16].

Ausgehend von dieser Skizze der idealen Polis läßt Platon Sokrates im *Staat* vier andere Verfassungsformen kritisieren, die Timokratie, die Oligarchie, die Demokratie und die Tyrannis, die zunehmende Verfallsformen der idealen Polis sind. Zur Timokratie kommt es, wenn sich der Ehrgeiz nach höheren Ämtern in der idealen Polis durchsetzt und nicht nur die Philosophen, sondern auch die Wächter die Herrschaft übernehmen. Der höchste Wert in der Timokratie ist die Ehre. Die Oligarchie, in der die Reichen herrschen und der höchste Wert der Reichtum ist, kann sich aus der Timokratie dadurch entwickeln, daß die Herrscher in der Timokratie Geld horten und Gesetze zum Schutz ihres Vermögens erlassen. Herrschaftsverhältnisse werden dann zunehmend über den Reichtum definiert. Die Oligarchie führt zur Zwei-Klassen-Gesellschaft der Reichen und Armen. Wenn nun ein reicher, junger Mann ein zügelloses Leben führt, sein Geld verschleudert, verarmt und dennoch sein Herrschaftsprivileg nicht aufgeben will, wird es sich mit der Masse der Armen verbünden wollen und gemeinsam mit ihnen die Herrschaft an sich reißen. Dadurch entsteht die Demokratie, in der die Freiheit den höchsten Wert hat. Freiheit wird dabei verstanden als die Freiheit, seinen Lüsten und Leidenschaften gemäß zu leben. Daß Platon die Demokratie und die Freiheit dermaßen negativ bewertet hat, liegt zum einen daran, daß der Antike unsere heute selbstverständliche Verbindung von Freiheit und Menschenwürde fremd gewesen ist. Ein zweiter Aspekt ist, daß Platon die radikale Demokratie Athens vor Augen hatte, die für die Hinrichtung von Sokrates verantwortlich gewesen ist und in der die Herrschaft oft nicht auf Kompetenz, sondern auf dem Schicksal des Loses beruhte, durch das die Ämter verge-

---

[16] Zum Thema siehe auch J. Annas: Plato's Republic and Feminism, in: *Philosophy* 51 (1976), 307–321.

ben wurden. Der höchste Wert der Demokratie, die Freiheit, wird in einem weiteren Schritt des Zerfalls zur vollkommenen Zügellosigkeit. Auch in einer Demokratie bleibt es nicht aus, daß Menschen gegen ihren Willen zu bestimmten Dingen gezwungen werden müssen. Jeder, dem Zwang auferlegt wird, wird sich gegen ihn zur Wehr setzen; es entsteht eine völlige Anarchie, aus der dann der Wunsch nach einem Tyrannen erwächst und so die Tyrannis als schlechteste Staatsform entstehen kann.

Diese Skizze von Platons Staatsauffassung und seinem Erziehungsprogramm kann deutlich machen, wie sich von der Annahme der Idee des Guten her konsequent verschiedenste Folgerungen von dem Aufbau einer idealen Polis, der Bewertung verschiedener Verfassungen bis hin zu Kriterien für die Auswahl der Dichtung ergeben. Die Möglichkeit der idealen Verfassung beruht auf der Erkenntnis der Idee des Guten, die den Herrscher auszeichnet.

b) Platons Mythen

Der enge Zusammenhang zwischen der Annahme von Ideen und den Konsequenzen für die Interpretation anderer Wirklichkeitsbereiche läßt sich auch an Platons Mythen und seiner Auffassung über das Leben der Seele im Jenseits verdeutlichen. Platons Mythen über die unsterbliche Seele sind nicht die einzigen mythischen Erzählungen, die sich in seinen Werken finden. In seinen Dialogen finden sich viele und sehr unterschiedliche mythologische Erzählungen, die verschiedene Funktionen erfüllen. Platon greift dazu zwar auf traditionelle Vorstellungen und Motive mythischer Erzählungen zurück, gestaltet diese aber, was nichts Ungewöhnliches ist, frei und im Hinblick auf eigene Ziele. In der Forschung ist umstritten, ob Platon sich vor allem deswegen des Mythos bedient hat, um damit deutlich zu machen, daß die Vernunft mit ihren Möglichkeiten notwendig an bestimmte Grenzen kommt, über die hinaus wir uns zwar noch irgendwie verständigen müssen, dabei aber nicht mehr argumentieren können, sondern auf Bilder angewiesen sind. Selbst wenn diese Deutung zumindest einen wichtigen Aspekt von Platons Mythen enthält, so wird sie doch der Vielfalt und den unterschiedlichen Funktionen der mythologischen Erzählungen Platons nicht gerecht.

Drei Dialoge Platons, der *Gorgias*, der *Phaidon* und der *Staat*, schließen mit einem großen Mythos über das Leben der Seele nach dem Tod. Aus diesen Schlußmythen läßt sich ein mehr oder weniger kohärentes Gesamtbild einer bestimmten Jenseitsvorstellung entnehmen. Daß das Gesamtbild nicht ganz deutlich ist, liegt auch daran, daß es Platon vermeidet, allzu genaue Details auszuführen; ihm liegt nicht daran, ein ‚realistisches' Bild des Lebens der Seele im Jenseits zu skizzieren. Außerdem hängt der Schwerpunkt, den die verschiedenen Schlußmythen haben, mit dem Inhalt der jeweiligen Dialoge zusammen, so daß sich die einzelnen Bilder, mit denen Platon arbeitet, teilweise voneinander unterscheiden. In allen Schlußmythen findet sich aber das Bild eines Totengerichts. Nachdem sich im Tod eines Menschen seine Seele vom Leib getrennt hat, wird sie vor Richter geführt, die an der Verfassung der Seele sehen können, ob der Mensch ein gerechtes und gutes oder ein ungerechtes und schlechtes Leben geführt hat. Die guten Seelen werden belohnt. Sie kommen an einen himmlischen Ort, wo sie lange Zeit in Freude leben können, bevor sie wiedergeboren werden. Nur die vollkommen guten Seelen werden nicht mehr wiedergeboren, sondern leben in wunderschönen Wohnungen, die detailliert zu beschreiben, so bedauert Sokrates im *Staat*, wegen der zur Verfügung stehenden Zeit leider nicht möglich sei. Die schlechten Seelen werden bestraft und müssen in die Unterwelt. Dort müssen sie sich einer Reinigung unterziehen und qualvoll für ihr schlechtes Leben büßen. Die ganz schlechten Seelen werden von teufelähnlichen Wesen in den Tartaros geworfen, einen Ort jenseits der Unterwelt, aus dem es kein Entrinnen mehr gibt. Manche Seelen, die nicht ganz so schlecht sind, bekommen noch eine zweite Chance: Einmal im Jahr werden sie aus dem Tartaros entlassen; wenn ihnen die Seelen der Menschen, denen sie Unrecht getan haben, verzeihen, werden sie wieder in den Kreislauf der Seelen hin zur Wiedergeburt aufgenommen, wenn nicht, müssen sie in den Tartaros zurückkehren. Im Schlußmythos des *Staates* schildert Platon noch, daß sich die Seelen nach ihrer Reinigung bzw. ihrem himmlischen Leben wieder treffen und gemeinsam den Weg antreten zu einem Ort inmitten des Universums, wo jede Seele frei diejenige Lebensform wählen kann, in die sie in dem folgenden irdischen Leben wieder eintreten wird. Manche wählen, als Tiere wiedergeboren zu werden, andere wählen die Lebensform des Tyrannen, wieder andere werden Philosophen usw.

Das Bild, das Platon über das Leben der Seele im Jenseits zeichnet, unterscheidet sich deutlich von den damals populären Vorstellungen über das Leben der Seele im Jenseits. Daß die Seele nach dem Tod des Menschen weiter existiert, war zwar eine weitverbreitete Annahme, doch es gab auch Ausnahmen; Platon wird diese Annahme, verbunden mit vielleicht detaillierteren Auffassungen über die Unsterblichkeit der Seele und das Leben der Seele nach dem Tod des Menschen, von den Pythagoreern übernommen haben. Welches Schicksal die Seele im Jenseits aber haben kann, hing nach allgemeiner Überzeugung davon ab, ob ein Mensch zu Lebzeiten in bestimmte Mysterienkulte initiiert worden ist. Eine der wesentlichen Funktionen der Mysterien bestand darin, den Initiierten Hoffnung und Zuversicht auf ein besseres Los im Jenseits zu versprechen. Platon dagegen macht in seinen Mythen das Los der Seele nicht von einer Initiation in einen Mysterienkult, sondern ausschließlich davon abhängig, was für ein Leben ein Mensch im Diesseits geführt hat. Sowohl das Glück im Diesseits als auch im Jenseits hängt davon ab, ob man sich in seinem Leben an dem orientiert, was das wahrhaft Gute ist. Wer ein gutes Leben geführt hat, wird ein gutes Los im Jenseits bekommen; wer ein schlechtes, ungerechtes, ausschweifendes Leben geführt hat, dem helfen Mysterieninitiationen in keiner Weise weiter: Er muß sich im Jenseits entweder einer langen und qualvollen Reinigung unterziehen, um dann in ein neues Leben einzugehen, oder ganz in den untersten Teil der Unterwelt, den Tartaros, eingehen, aus dem es kein Entrinnen gibt. Platons Mythen sind eine konsequente Fortführung seiner Ethik über den Bereich des menschlichen Lebens hinaus. Weil im Leben alles darauf ankommt, das Gute zu erkennen, um es tun zu können, hängt das Los der Seele eines Menschen im Jenseits davon ab, in welchem Maße es ihm in seinem Leben gelungen ist, seiner Aufgabe, zum Guten zu streben, gerecht zu werden.

An einigen Stellen findet sich zusammen mit den Mythen eine Diskussion darüber, ob es vernünftig ist, den Mythen Glauben zu schenken. Im *Phaidon* meint Sokrates, es gehört sich für einen vernünftigen Menschen nicht zu behaupten, daß es sich mit der Seele im Jenseits wirklich genauso verhält, wie es der Mythos berichtet. Aber weil es vernünftig ist anzunehmen, daß die Seele unsterblich ist, ist es auch vernünftig anzunehmen, daß es sich so oder ähnlich mit dem Leben der Seele im Jenseits verhalten könnte. Wir können wagen zu glauben, daß es sich so oder ähnlich verhält (*Phd.* 114c8–115a8). Im *Gorgias* weist Sokrates ausdrücklich darauf hin, daß er nicht erwartet, daß sich sein Gesprächspartner Kallikles, der das ausschweifende Leben eines brutalen Tyrannen glorifiziert, von dem Mythos überzeugen läßt. Kallikles werde glauben, die Erzählung sei bloß ein Mythos, aber Sokrates selbst bekennt, daß er die Erzählung für einen wahren *logos* hält (*Gorg.* 522e3–523a3). Die Wahrheit beruht u. a. wesentlich auf der Kohärenz zu dem, was sich in der vorausgegangenen begrifflichen Argumentation als wahr erwiesen hat. Platon betont, daß es weniger entscheidend sei, für wie plausibel man den Mythos halte, sondern vor allem darauf ankomme, sich mit Bildern der menschlichen Existenz zu identifizieren, die einem ermöglichen, angstfrei zu leben und danach zu streben, ein gutes Leben zu führen. Eine der Funktionen der Mythen besteht in dieser motivierenden Kraft, die eine begriffliche Untersuchung oder ein sauberes Argument nur in begrenzterem Maße besitzen kann.

8. Gibt es in den mittleren Dialogen eine Ideenlehre?

Wenn man von Platons mittleren Dialogen her auf die Fragestellungen und Antworten der frühen Dialoge zurückblickt, dann erkennt man unschwer, wie stark sich nicht nur Platons Fragestellung, sondern auch seine Antworten, die er in den Dialogen diskutieren läßt, verändert haben. Der Weg von einem konkreten moralischen Problem (z. B. der Frage, ob es richtig ist, daß Euthyphron seinen Vater wegen Totschlags anklagt) über die sokratische Frage nach der Definition einer bestimmten Tugend (z. B. der Frömmigkeit) bis zur Schau der Ideen und der Wirklichkeitsauffassung der mittleren Dialoge ist dabei nicht nur ein weiter, sondern auch ein philosophisch konsequenter Weg. Die Frage nach der Definition einer Tugend führt zu anderen, fundamentaleren Fragen, die zunächst beantwortet werden müssen, um die Voraussetzungen zu erfüllen, die Definitionsfrage beantworten zu können. Aus der Frage nach der Definition einer Tugend ergibt sich die Frage nach dem Guten, und die Frage nach dem Guten führt zu einer Bestimmung der Art der Wirklichkeit und der Erkennbarkeit einer Idee. Während Platon Sokrates in den frühen Dialogen fragen läßt, was beispielsweise die Gerechtigkeit ist, und sich sein Gesprächspartner gleich an Antworten versucht, wird die Frage, was für eine Art von Gegenstand die Gerechtigkeit und Ideen ganz generell sind und wie sie erkannt werden können, in den mittleren Dialogen zum Problem. Damit verbunden ist nicht nur, daß Platon in den mittleren Dialogen bestimmte Auffassungen darüber, wie Ideen wirklich sind und wie sie erkannt werden können, diskutieren läßt, sondern auch, daß er eine neue, einheitliche Auffassung der gesamten Wirklichkeit vorträgt, in der der Versuch gemacht wird, alles, was es gibt, unter der Voraussetzung der Annahme von Ideen her zu verstehen.

Die konsequente Einheitlichkeit und Geschlossenheit des Weltbildes der mittleren Dialoge erklärt sicherlich einen Teil der Faszination, die von diesen Dialogen ausgeht. Um so überraschender ist es aber, daß Platon die Ideen selbst auffallend unbestimmt läßt. Die Einheitlichkeit täuscht leicht über die Tatsache hinweg, daß das, was wir aus den mittleren Dialogen über die Ideen erfahren, nicht mehr als einzelne Thesen und Problemstellungen sind, von denen alles andere als klar ist, ob und wie sie sich zu einer konsequenten Theorie zusammenfügen lassen. Nirgendwo äußert sich Platon beispielsweise klar zur Frage, von was man Ideen annehmen soll. Er diskutiert einzelne Beispiele, aber es bleibt unklar, ob und wieweit diese Beispiele verallgemeinerungsfähig sind. Sind es Eigenschaften wie die des Schönen, sind es Relationen wie die des Gleichen, sind es Gegenstände wie die des Tisches, für die Ideen angenommen werden sollen? Gibt es Ideen der mathematischen Gegenstände und der Zahlen? Müssen wir eine zweite Welt der Ideen ‚über‘ unserer Erfahrungswelt annehmen, so daß die Ideenwelt unsere Erfahrungswelt verdoppelt? Auch ein zweiter, ebenso wichtiger Fragenkomplex bleibt ohne Antworten: In welcher Beziehung stehen die Ideen zu den Gegenständen oder Eigenschaften in unserer Erfahrungswelt? Was bedeutet es genau, daß die Gegenstände unserer Erfahrungswelt an den Ideen teilhaben? Im *Phaidon* stellt Sokrates die Annahme von Ideen als eine unspektakuläre Annahme dar, die wenig philosophische Einsicht zu erfordern scheint (*Phd.* 100 b 1–3). Wichtige Fragen wie beispielsweise diejenige, wie die Relation der Teilhabe der Dinge der Erfahrungswelt an den Ideen zu verstehen ist, werden nicht nur nicht beantwortet, sondern deren Beantwortung wird auch noch als unwichtig abgetan (*Phd.* 100 d 5–8). Wenn es Platons Anliegen gewesen wäre, eine philosophische Systematik und eine Theorie der Ideen zu entwickeln, dann wäre die Frage danach, für was es

Ideen gibt und in welcher Beziehung sie zu der Erfahrungswelt stehen, eine der wichtigsten Fragen, auf die er eine klare Antwort hätte geben müssen. Auch auf die zentrale Frage des *Staates*, was das Gute ist, gibt Sokrates keine direkte Antwort, sondern weicht auf Bilder und Gleichnisse aus, die bestimmte Aspekte der Idee des Guten verdeutlichen und bestimmte Thesen nahelegen, die aber zu keiner eingehenden Begründung und Diskussion führen. Platon läßt Sokrates zwar sagen, eine genaue Bestimmung des Guten sei viel zu aufwendig, um sie jetzt durchzuführen; daraus haben manche Interpreten, vor allem aus der Tübinger Schule, schließen wollen, daß Platon prinzipiell eine Antwort auf die Frage nach der Bestimmung des Guten hätte geben können: Platon habe das, was das Gute ist, im Lehrbetrieb der Akademie dargelegt. Wenn sich die ‚Tübinger‘ dabei zwar darauf berufen können, daß uns eine Quelle überliefert ist, der zufolge Platon tatsächlich in sehr hohem Alter eine Vorlesung über das Gute gehalten haben soll (die das Auditorium allerdings dermaßen gelangweilt und enttäuscht haben muß, daß alle, bis auf Aristoteles, den Saal verlassen haben sollen), so übersieht eine derartige Interpretation aber einen wichtigen Hinweis im Text: Sokrates weist ausdrücklich darauf hin, er habe zwar viel über das, was das Gute ist, nachgedacht, sei aber noch zu keinem Wissen darüber gekommen. Mit dem Hinweis darauf, daß die Bestimmung des Guten zu aufwendig sei, meint Sokrates nicht, er sei in der Lage, das Gute richtig zu bestimmen, nur reiche jetzt die Zeit dafür nicht aus; er meint vielmehr, er sei nicht in der Lage, das Gute richtig zu bestimmen, wäre aber grundsätzlich in der Lage darzulegen, was für Meinungen er über das Gute hat; diese Meinungen aber darzulegen, sei jetzt zu aufwendig. Wolfgang Wieland vertritt in diesem Zusammenhang die plausible These, daß sich eine Bestimmung der Idee des Guten wie Ideenwissen überhaupt ganz grundsätzlich der sprachlichen Bestimmung entziehe, weil ein Wissen um Ideen die Form eines Gebrauchswissens habe, das auf Erfahrung beruhe und insofern nicht vollständig verbal vermittelbar sei.[17] Wieland weist u. a. auf die vielen Vergleiche hin, die Platon zwischen dem Ideenwissen und dem Wissen eines Fachmannes eines bestimmten, klar umrissenen Wissensgebietes zieht. Das Wissen eines guten Arztes, eines Handwerkers oder eines Steuermannes entziehe sich prinzipiell der vollständigen verbalen Beschreibung, weil die Fähigkeit eines guten Fachmannes auf Erfahrungen beruhe, die sich nicht einfach verbal vermitteln ließen. Ebenso lasse sich das Wissen um die Ideen nicht vollständig verbal fixieren, sondern beruhe auf Übung, persönlicher Erfahrung und Intuition. Ein anderer Grund für die Unmöglichkeit einer Bestimmung der Idee wurde in der Interpretation des *Symposion* deutlich: Der Annahme von Ideen liegt eine bestimmte metaphysische Intuition und Erfahrung zugrunde, die sich verbal nicht vollständig vermitteln läßt. Unter anderem aus diesen Gründen haben Interpreten es zu Recht abgelehnt, von Platons Ideen*lehre* zu sprechen, insofern man unter einer Lehre ein philosophisches System versteht. Weder vertritt Platon eine Lehre noch läßt er Sokrates eine Lehre vertreten. Platon deutet zwar auf eine bestimmte Sicht der Wirklichkeit, für die die Annahme von Ideen zentral ist, er entwickelt aber keine Lehre, geschweige denn eine Theorie, die man sinnvollerweise als ein philosophisch-systematisches Lehrstück bezeichnen könnte. Zu einer Ideenlehre kann das, was Platon in den mittleren Dialogen schreibt, erst dann werden, wenn man, wie es im Platonismus in den ersten Jahrhunderten n. Chr. geschehen ist, einzelne Teile der mittleren Dialoge aus dem Kontext isoliert und aus ihnen einen streng systematischen Zusammenhang rekonstruieren will. Damit läuft man aber Gefahr, die Stärke der mittleren Dialoge zu einem blutleeren philosophischen Formalismus erstarren zu lassen, der mehr philosophische Probleme schafft, als er lösen kann.

---

[17] W. Wieland: *Platon und die Formen des Wissens*, Göttingen 1982.

9. Platons späte Dialoge

a) Einleitung

Wir haben gesehen, daß Platon in seinen mittleren Dialogen unter der Annahme von Ideen auf eine neue Sicht unserer Welt und unseres menschlichen Lebens und so auf ein neues Verständnis unserer Wirklichkeit zielt. Dieser Versuch eines einheitlichen, verschiedenste Phänomene übergreifenden Gesamtentwurfs findet sich in den späten Dialogen nicht mehr. In ihnen behandelt Platon überwiegend philosophische Einzelfragen. In manchen Dialogen knüpft er dabei an philosophische Probleme an, mit denen er sich in seinen früheren Dialogen bereits beschäftigt hat. So findet sich im *Philebos* beispielsweise eine ausführliche Diskussion über den Lustbegriff, in der Platon bestimmte Annahmen und Antwortversuche aus früheren Dialogen zu diesem Thema weiterführt und vertieft. Der *Politikos* und die *Gesetze* knüpfen an die Verfassungsdiskussion im *Staat* an. Manche Spätdialoge setzen sich detailliert mit bestimmten Aspekten der Ideenannahme aus den mittleren Dialogen auseinander. So findet sich beispielsweise im *Parmenides* eine Diskussion über den Begriff der Teilhabe oder im *Theaitetos* eine umfangreiche Diskussion des Wissensbegriffs. Die späten Dialoge lassen sich in vielen Fällen nur dann verstehen, wenn man die philosophischen Entwürfe der frühen und mittleren Dialoge kennt, denn oft kritisiert oder differenziert Platon in seinen Spätdialogen bestimmte Annahmen, die er Sokrates in den früher verfaßten Dialogen hat vertreten lassen. In den Spätdialogen bezieht sich Platon aber nicht nur auf seine eigenen Schriften, sondern auch auf bestimmte Diskussionen, die offensichtlich in Platons Schule, der Akademie, geführt worden sind. Die Spätdialoge setzen eine oft sehr komplexe philosophische Diskussion voraus, zu der sie einen Beitrag leisten wollen.

Tendenziell – so könnte man sagen – behandelt Platon die verschiedenen philosophischen Themen in den Spätdialogen eher ‚realistischer‘ und lebensnäher als in den mittleren Dialogen. Das führt so weit, daß bestimmte Thesen, die Platon in den mittleren Dialogen diskutiert hat, differenziert und teilweise erheblich modifiziert werden. Das, was man den Realismus der Spätwerke genannt hat, hat manche Interpreten zu der Annahme verleitet, daß Platon in seinen späten Dialogen kein Interesse mehr an metaphysischen Fragestellungen gehabt habe. Diese Annahme ist aber falsch. Wie sich der Realismus der Spätwerke mit metaphysischen Positionen verbindet, wird z. B. an Platons Entwicklung der politischen Philosophie in den *Gesetzen* und an seiner Naturphilosophie im *Timaios* deutlich. In beiden Dialogen wird sowohl die Kontinuität als auch der Unterschied zwischen den mittleren und den späten Dialogen besonders klar.

Die *Gesetze*

Die Frage nach möglichen Kriterien für einen guten Herrscher und eine richtige Polisverfassung hat Platon ausführlich im *Staat* diskutiert (vgl. S. 131 ff.). Die Fragestellung wird im *Politikos* wieder aufgenommen und in den *Gesetzen* zu einem Abschluß geführt. Die *Gesetze* bestehen in ihrem Hauptteil aus einer umfangreichen Gesetzessammlung für eine neu zu gründende Polis. Allein die Bestimmungen über das Strafrecht sind so umfangreich wie das gesamte *Symposion* oder der *Phaidon*. Die *Gesetze* sind insofern ‚realistischer‘ als der *Staat*, weil sie davon ausgehen, daß die Menschen – auch die besten Herrscher – unvollkommen sind und die Gerechtigkeit in einer Polis am ehesten durch gute Gesetze garantiert werden kann. Der Staatsentwurf der *Gesetze* ist weniger utopisch als der des *Staates*, denn Platon rechnet mit der menschlichen Schwachheit. Das bedeutet nicht, daß sich der Verfassungsentwurf der *Gesetze* lediglich graduell von dem des *Staates* unterscheidet; weil die Welt und die Menschen nun einmal so sind wie sie sind, ist die unter den gegebenen Umständen beste Verfassung die von guten Gesetzen und nicht die eines Philosophenherrschers. Zwar hält Platon sowohl im *Politikos* als auch in den *Gesetzen* daran fest, daß idealerweise die Philosophenherrschaft die beste, die Herrschaft der Gesetze lediglich die zweitbeste Herrschaftsform sei, weil die Starrheit selbst des besten Gesetzeswerks niemals der Fülle und Differenziertheit der Einzelfälle gerecht werden könne, die durch die Gesetze geregelt werden sollen. Die Welt, in der wir leben, ist aber nicht so, daß sich in ihr die ideale Herrschaft so verwirklichen ließe, daß sie die erhoffte Wirkung zeigen könnte. Insofern ist die Herrschaft der Gesetze unter den Bedingungen, unter denen wir leben, die beste Verfassungsform. Neben dieser Diskontinuität zu dem Verfassungsentwurf des *Staates* finden sich aber auch Elemente der Kontinuität. So deutet Platon an verschiedenen Stellen in den *Gesetzen* darauf hin, daß selbst eine Polis, in der die besten Gesetze herrschen, auf Menschen angewiesen ist, die ein ähnliches Wissen wie die Philosophenherrscher im *Staat* haben. Die Gesetze seien nämlich nur dann gut, wenn sie von Menschen entworfen werden, die über ein Wissen über die göttliche Ordnung des gesamten Seins verfügten und dadurch in der Lage seien, diese göttliche Ordnung den Gesetzen zugrunde zu legen – selbst dann, wenn die Gesetze nicht unmittelbarer Ausdruck der göttlichen Ordnung sein können, sondern der Situation des Menschen gerecht werden müssen; weiterhin liege die Verantwortung für die Überwachung der Gesetze in der Hand eines täglich vor Sonnenaufgang tagenden Rates von Männern, die in der Lage sein müßten, die Gesetze den jeweiligen Erfordernissen der Polis anzupassen. Wenn ihre Entscheidungen richtig und gerecht sein sollen, müßten auch sie, ähnlich wie die Herrscher in Platons *Staat*, aus dem Wissen über das Gute und die Gerechtigkeit handeln. Daß der Realismus der *Gesetze* metaphysische Spekulationen nicht ausschließt, wird auch an Platons komplexem philosophischen Gottesbeweis im zehnten Buch der *Gesetze* deutlich. Das zehnte Buch ist die philosophische Mitte des Dialoges. Die Kraft des gesamten Gesetzeswerkes hängt davon ab, daß es denen, die die Gesetze aufstellen, gelingt, die Existenz, Güte und Unbestechlichkeit Gottes zu beweisen und den Atheismus zu widerlegen, denn ohne den Glauben an einen Gott sind die Bürger nicht hinreichend motiviert, die Gesetze einzuhalten; außerdem fehlt dem Gesetzeswerk ohne einen Gottesbeweis sein eigentliches Fundament. Auch wenn die Verfassung der *Gesetze* also weniger utopisch als die des *Staates* ist und an die Stelle der Forderung nach einem idealen Herrscher die Herrschaft von bestmöglichen Gesetzen tritt, so bedeutet das nicht, daß Platon in seinen Spätwerken kein Interesse mehr an metaphysischen Fragestellungen und spekulativen Argumentationen gehabt hätte.

Verbunden mit dem Realismus der Spätwerke ist eine Hinwendung zu – wie wir heute sagen würden – empirisch-naturwissenschaftlichen Fragestellungen. So arbeitet Platon im Gottesbeweis der *Gesetze* mit bestimmten astronomischen Theoremen über die Bewegung der Sterne und Planeten, die von einem Mitglied der Akademie, dem Mathematiker und Astronomen Eudoxos von Knidos (391–338 v. Chr.), ausgearbeitet wurden. Die Leistung von Eudoxos bestand darin, die von der Erde aus unregelmäßig erscheinenden Sternen- und Planetenbahnen auf ein kompliziertes Zusammenspiel verschiedener Kreisbewegungen zurückgeführt zu haben. Platon gebraucht dieses Modell, um die Vernünftigkeit der nur unregelmäßig und chaotisch scheinenden Bahnen der Himmelskörper aufzuzeigen, denn was sich als ein, wenn auch komplexes, Zusammenspiel von Kreisbewegungen verstehen läßt, sei, weil es auf eine ihm zugrundeliegende einfache Ordnung verweise, vernünftig.

Timaios

Im *Timaios* läßt Platon den Philosophen Timaios eine Naturphilosophie entwickeln, in der Platon an kosmologische Fragestellungen der Vorsokratiker (vgl. S. 26) anknüpft. Unter Einbeziehung von Ideenannahmen, die nicht diskutiert, sondern vorausgesetzt werden, entwickelt Timaios komplexe Antworten auf Fragen wie der nach der Entstehung des Kosmos und der Zeit, nach der Bewegung der Himmelskörper, nach der Entstehung der vier Elemente aus einer unterschiedlichen Kombination von Dreiecken und nach der Zusammensetzung der übrigen Grundstoffe der materiellen Welt aus den Elementen, nach der Entstehung von Pflanzen, Tieren und Menschen bis hin zu Überlegungen zu Fragen der Entstehung von Wahrnehmung. Platon läßt Timaios ausdrücklich betonen, daß die vorgetragene Naturphilosophie nicht mehr als eine wahrscheinliche Annahme ist und er nicht behaupten möchte, daß er das, was er vorträgt, wirklich weiß. Einer der Gründe für diesen Verzicht auf einen Wissensanspruch liegt darin, daß Timaios die methodologischen Voraussetzungen seiner Naturphilosophie nicht begründet. Timaios' Projekt besteht darin zu untersuchen, wie die Mathematik und die Annahme der Ideen hilfreich und nützlich sein könnten, wenn man die Welt erklären will.  Er übernimmt die Annahme von Ideen in ähnlicher Weise, wie der im Zusammenhang mit dem Liniengleichnis geschilderte Mathematiker die Existenz von geometrischen Figuren voraussetzt. Ein weiterer Grund für den Wissensverzicht liegt darin, daß sich die Natur selbst einer vollständigen mathematischen Beschreibung entzieht. Vor allem die Materie ist nicht vollkommen durch die Vernunft zu verstehen, weil sie auch ungeordnet und unstrukturiert ist. Ein vollständiges wissenschaftliches Verständnis von ihr ist nicht möglich. Bezeichnend für die Spätdialoge ist wiederum, daß Platon im *Timaios* einerseits weiterhin mit bestimmten metaphysischen Annahmen (in diesem Fall die Annahme von Ideen) arbeitet, diese aber nun auf empirisch-naturwissenschaftliche Fragen anwendet.

Nicht nur im *Timaios*, sondern auch in den meisten anderen Spätdialogen spricht Platon von Ideen und gebraucht zentrale Termini der frühen und mittleren Dialoge wie beispielsweise *eidos* oder *idea*. Dabei ändert sich aber das, was Platon in den späten Dialogen, mit Ausnahme des *Timaios*, unter einer Idee versteht. Platon interessieren vor allem begriffliche und logisch-semantische Aspekte der Ideen, und viele Interpreten übersetzen die Termini *eidos* oder *idea* in den späten Dialogen Platons zu Recht mit ‚Begriff'. Die These der ontologischen Priorität der Idee oder die Frage nach der Art, wie die Ideen bzw. Begriffe wirklich sind, tritt demgegenüber in den Hintergrund. Die Unterschiede zwischen dem, was *idea* (oder *eidos*) in den mittleren und in den späten Dialogen bezeichnet, sind teilweise so auffällig, daß sie manche Interpreten zu der Annahme veranlaßt haben, Platon habe in seinen späten Dialogen seine Ideenlehre ganz aufgegeben. Diese These ist schon insofern problematisch, weil sie voraussetzt, daß man das, was Platon in den mittleren Dialogen skizziert, überhaupt als eine Ideenlehre bezeichnen kann (vgl. S. 141 ff.). Außerdem kann sie nicht erklären, warum Platon in seinen späten Dialogen weiterhin von Ideen spricht. Treffender dürfte die Ansicht sein, daß Platons Auffassung der Idee zunehmend differenzierter wird, wobei er sich von bestimmten Vorstellungen, die er in den mittleren Dialogen formuliert, teilweise distanziert.

Aus der Fülle der in Platons späten Dialogen behandelten Themen seien im folgenden lediglich drei herausgegriffen; erstens – etwas ausführlicher – die Einwände, die Platon im *Parmenides* gegen eine bestimmte Auffassung von Ideen diskutieren läßt, zweitens knapp die Diskussion des Wissensbegriffs im *Theaitetos* und drittens eine neue Bestimmung der Aufgabe, mit der sich ein Philosoph beschäftigen soll. Alle drei Themen geben einen Einblick in den eher begrifflichen und abstrakteren Charakter und in die neuen Fragestellungen und Methoden der Spätdialoge Platons.

b) Die Einwände im *Parmenides*

Im ersten Teil des *Parmenides* schildert Platon eine fiktive Unterhaltung zwischen dem greisen Parmenides, dem vielleicht bedeutendsten vorsokratischen Philosophen, und dem noch jungen, philosophisch hochbegabten, aber wegen seines Alters unerfahrenen Sokrates. Das philosophische Gespräch beginnt damit, daß Zenon, ein Parmenidesschüler, eine zur Verteidigung der Thesen seines Lehrers verfaßte, provozierende Schrift vorliest. Darin legt er dar, es sei unmöglich, daß es mehrere Dinge gebe. Gäbe es diese, müßten diese gleich und ungleich sein. Nun sei es aber ausgeschlossen, daß das Gleiche ungleich und das Ungleiche gleich seien. Folglich könne es nicht mehrere Dinge geben. Für unseren Zusammenhang kommt es nicht darauf an, Zenons These zu würdigen; aufschlußreich ist vielmehr, wie Sokrates gegen Zenons These argumentiert. Platon läßt Sokrates zwischen den Ideen und den Dingen, die an den Ideen teilhaben, unterscheiden: Den vielen Dingen in unserer Erfahrungswelt, die an den Ideen teilhaben, könnten einander widersprechende Eigenschaften zugesprochen werden. So ließe sich beispielsweise über jeden Menschen sagen, daß er eines und vieles sei. Er sei eines, insofern er ein Mensch sei; er sei vieles, insofern sich beispielsweise verschiedene Teile seines Körpers voneinander unterscheiden ließen. Daß sich von ein und demselben Menschen aussagen lasse, er sei eines und vieles, ist kein Paradox. Ein Paradox wäre lediglich dann gegeben, wenn die Idee des Einen selber vieles oder die Idee des Vielen selber eine wäre. Ebenso sei es unproblematisch zu behaupten, daß Dinge in unserer Erfahrungswelt gleich und ungleich seien; widersprüchlich wäre es aber anzunehmen, daß die Idee des Gleichen selbst ungleich oder die Idee des Ungleichen selbst gleich sei. Zenons Fehler liege darin, nicht zwischen den Ideen und dem, was an den Ideen teilhat, zu unterscheiden. Aus der Tatsache, daß das Gleiche nicht ungleich und das Ungleiche nicht gleich sein kann, folge nicht, daß es keine

Dinge geben könne, die gleich und ungleich sind, denn sie hätten an der Idee der Gleichheit und der Ungleichheit teil. Sokrates fügt hinzu, es sei nichts besonderes, daß das, was gleich sei, auch ungleich sei. Etwas Besonderes wäre es vielmehr, wenn jemand zeigen könne, wie die Ideen des Gleichen und Ungleichen selbst miteinander verbunden seien, was für Ideen es überhaupt gebe und in welcher Weise sie miteinander vermischt seien. Eine solche Untersuchung, fügt Sokrates hinzu, würde ihm gewaltige Freude bereiten (*Parm.* 128 e 5–130 a 2).

Gegen die von Sokrates entwickelte Auffassung von Ideen läßt Platon Parmenides im wesentlichen drei Einwände formulieren, von denen auf die ersten beiden näher eingegangen werden soll. Parmenides' erster Einwand (*Parm.* 130 e 4–131 e 7) stellt den jungen Sokrates vor folgendes Problem: Eine der Grundannahmen derjenigen, die von Ideen sprechen, bestehe darin, der *einen* Idee die *vielen* Dinge gegenüberzustellen, die an der Idee teilhaben. Wenn man behaupte – so der Einwand –, daß die Dinge durch die Teilnahme an den Ideen das seien, was sie seien, dann stehe man vor folgender Alternative: Entweder müsse man behaupten, daß (i) die Dinge jeweils an der *ganzen* Idee oder (ii) nur an einem *Teil* der Idee teilhaben. Beide Möglichkeiten führten aber dazu, daß die Einheit der Idee aufgegeben werden müsse. Es sei (i) unmöglich, daß die Idee als Ganze in verschiedenen Dingen sei, weil die Tatsache, daß die Dinge voneinander verschieden seien, dazu zwinge, nicht eine, sondern so viele Ideen anzunehmen, wie es Dinge gebe, die an der Idee teilhätten. Der zweite Fall (ii) wird von Parmenides mit der Metapher eines Segeltuchs interpretiert. Die Dinge hätten so an der ganzen Idee teil, wie wenn über diese Dinge ein großes Segeltuch gespannt worden wäre. Allerdings folge daraus, daß die Dinge strenggenommen nicht an dem ganzen Segeltuch, sondern jeweils nur an einem Teil des Segeltuchs teilhätten; folglich haben die Dinge nicht an der ganzen Idee, sondern lediglich an einem Teil der Idee teil – eine These, die wiederum die Einheit der Idee auflöst.

Platon gibt den Lesern einen Hinweis darauf, wie eine Lösung dieses Problems aussehen könnte. Bevor Parmenides nämlich die Metapher des Segeltuchs einführt, schlägt Sokrates eine andere Metapher vor, die von Parmenides ohne Argumente zurückgewiesen wird. Sokrates meint, man könne die Teilhabe der verschiedenen Dinge an der einen Idee so wie den Tag verstehen. Was Sokrates damit genau meint, wird nicht ausgeführt, aber die Metapher des Tages scheint in der Tat eine viel bessere Metapher zu sein, an der man sich orientieren kann, wenn man die Teilhabe der Dinge an der Idee näher verstehen will. Ein Tag ist an verschiedenen Orten immer ein und derselbe Tag; es macht – wenn von unterschiedlichen Sonnenaufgangs- und Sonnenuntergangszeiten abgesehen wird – keinen Sinn, davon zu sprechen, daß ein Teil des Tages in München und ein anderer Teil des Tages in Augsburg ist. Der wesentliche Unterschied zwischen der Metapher des Segeltuchs und der des Tages liegt darin, daß die Idee im ersten Fall mit einem Gegenstand in Raum und Zeit verglichen wird, während dieser Vergleich durch das Bild des Tages vermieden wird. Parmenides' Einwand beruht auf der Voraussetzung, daß die Idee eine Art räumlicher Gegenstand ist. Wenn die Idee aber vergegenständlicht wird, dann läßt sich die Einheit der Idee und die Teilhabe der vielen Dinge an der einen Idee nicht mehr verstehen.

Parmenides' zweiter Einwand (*Parm.* 131e8–132b2) läuft ebenfalls auf das Problem der Vergegenständlichung der Idee hinaus. Wenn jemand, so der Einwand, verschiedene Dinge anschaue, die alle groß seien, dann meine derjenige, der Ideen annehme, sie seien groß, weil sie alle an der einen Idee des Großen teilhätten. Wenn man aber nicht nur auf die großen Dinge, sondern mit seiner Seele sowohl auf die großen Dinge als auch auf die Idee des Großen schaue, entstehe folgendes Problem: Sowohl die großen Dinge als auch die Idee des Großen hätten etwas gemeinsam, nämlich groß zu sein. Durch dieses Großsein seien sowohl die großen Dinge als auch die Idee des Großen groß. Dieses Großsein sei aber nur durch eine zweite Idee des Großen zu erklären, durch die die großen Dinge und die erste Idee des Großen groß seien. Diese zweite Idee des Großen könne man nun wieder zusammen mit der ersten Idee des Großen anschauen, und man werde wiederum eine gemeinsame Eigenschaft finden, die einen dann nötige, eine dritte Idee des Großen anzunehmen usw. Es entstehe somit ein unendlicher Regreß, der deutlich mache, daß die Annahme von Ideen zu logischen Widersprüchen führe. Dieses Argument gegen die Annahme von Ideen ist wohl auch in Platons Akademie diskutiert worden, denn ein Hinweis auf denselben Einwand findet sich u. a. auch in Aristoteles' *Metaphysik* ($990^{b}17$). Aristoteles diskutiert es allerdings nicht am Beispiel des Großseins, sondern am Beispiel des Menschen: Über den konkreten Menschen und die Idee des Menschen hinaus müsse man einen dritten Menschen annehmen, durch den sowohl der konkrete Mensch als auch die Idee des Menschen ein Mensch sei. Obwohl Platon das Problem des Regresses nicht am Beispiel des Menschen erörtert, spricht die Forschung auch in bezug auf Platons *Parmenides* vom Problem des ‚dritten Menschen'.

Parmenides' Einwand beruht auf der Voraussetzung, daß sich Eigenschaften, die man von den Dingen aussagt, im gleichen Sinn auch von der Idee aussagen lassen; man kann also beispielsweise von einem bestimmten Menschen und von der Idee des Schönen sagen, daß sie schön seien. Nun gibt es in Platons Dialogen tatsächlich Formulierungen wie diejenige, daß das Schöne schön oder das Große groß ist. Diese Formulierungen der Form ‚das F ist F' haben vor allem in der an logischen Fragen interessierten angelsächsischen Platonforschung im letzten Drittel des 20. Jahrhunderts zu verschiedenen Interpretationen Anlaß gegeben. Die Schwierigkeit besteht darin, diese Sätze in der Weise zu interpretieren, daß sich der unendliche Regreß, auf den Parmenides hinweist, nicht ergibt. Gregory Vlastos, der auch die Kontroverse um die in Frage stehenden Sätze eröffnet hat, schlägt vor, das Subjekt in den Sätzen der Form ‚das F ist F' nicht als einen Namen für die

Idee von F, sondern als Bezeichnung für die Dinge, von denen sich F aussagen läßt, zu verstehen.[18] Wenn Platon also beispielsweise schreibe: „das Schöne ist schön", dann bedeute dieser Satz nicht, daß die Idee des Schönen schön sei, sondern daß alle Dinge, die schön sind, schön seien. Daß ein Ausdruck wie ‚das Schöne' nicht der Name eines Begriffes sein muß, sondern auch diejenigen Dinge bezeichnen kann, von denen sich der Begriff wahrheitsgemäß aussagen läßt, verdeutlicht Vlastos an Formulierungen, die der Apostel Paulus im ersten Brief an die Korinther gebraucht. Paulus schreibt beispielsweise, daß die Liebe nicht nachtragend sei (1 Kor. 13, 5). Das Subjekt dieses Satzes, ‚die Liebe', ist kein Name eines Begriffes, denn Paulus wollte ganz offensichtlich nichts über den Begriff der Liebe, sondern etwas über die Menschen, von denen sich der Begriff aussagen läßt, d. h. über die Menschen, die lieben, sagen. Wer liebt, ist nicht nachtragend – das ist der Sinn des Satzes. Vlastos spricht in diesem Zusammenhang von ‚Paulinischer Prädikation', ein Terminus, der sich aus der Debatte um das Problem des dritten Menschen nicht mehr wegdenken läßt. Auch wenn Vlastos' Lösung viel Zustimmung gefunden hat, so bleibt doch unklar, welche Funktion Sätze der Form ‚das F ist F' haben könnten, in denen das Subjekt paulinisch verstanden wird. Daß etwa schöne Dinge schön oder große Dinge groß sind, ist nichtssagend. Außerdem finden sich Beispiele dafür, daß man Sätze der Form ‚das F ist F' in Sätze der Form ‚die Idee des F ist F' umformen kann, wobei mit dem Subjekt ‚die Idee des F' nicht mehr die Dinge, die F sind, sondern nur die Idee selbst gemeint sein kann. Andere Interpreten meinen, daß in Sätzen der Form ‚das Schöne ist schön' gar keine Eigenschaft von einem Gegenstand ausgesagt wird, sondern, ähnlich wie in einer Definition, das Wesen der Idee des Schönen angege-

---

[18] G. Vlastos: Plato's ‚Third Man' Argument (*Parm.* 132 A 1–B 2): Text and Logic, in: *Philosophical Quarterly* 19 (1969), 289–301; wiederabgedruckt mit zwei Appendizes in: G. Vlastos: *Platonic Studies,* Princeton (1981²), 342–366.

ben wird. Der Satz ‚das Schöne ist schön' soll dann ausdrücken, daß die Idee des Schönen der Inbegriff des Schönen ist, d. h. daß das, was im eigentlichen und uneingeschränkten Sinn schön ist, die Idee des Schönen ist. Was aber innerhalb einer Auffassung wie derjenigen, die Platon im Stufenweg des *Symposions* vortragen läßt (vgl. S. 112 ff.), noch plausibel scheinen mag, ist für einen Satz wie ‚das Große ist groß' nur schwer verständlich. Andere Interpreten meinen, daß die zur Diskussion stehenden Sätze Identitätssätze seien, in denen die Identität der Idee mit sich selbst zum Ausdruck gebracht werden soll. Ein Satz der Form ‚das F ist F' solle zum Ausdruck bringen, daß F eine von anderen Ideen zu unterscheidende Idee sei.

So scharfsinnig diese Interpretationsversuche sind, so muß es doch zu denken geben, daß Platon im *Parmenides* selbst zwei andere Lösungen des Problems des unendlichen Regresses diskutieren läßt. Der erste Lösungsvorschlag des jungen Sokrates besteht darin anzunehmen, daß Ideen Gedanken in der Seele seien. Dieser Vorschlag ist insofern aufschlußreich, weil er wiederum gegen die Vorstellung gerichtet ist, Ideen als raum-zeitliche Gegenstände zu verstehen. Wenn die Idee der Größe kein raum-zeitlicher Gegenstand, sondern etwas Gedachtes ist, dann stellt sich das Problem des ‚dritten Menschen' nicht mehr, denn ein Gedanke hat keine bestimmte Größe. Gegen Sokrates' Vorschlag wendet Parmenides allerdings ein, Gedanken seien stets Gedanken von etwas; dieses ‚etwas' könnten aber nicht wiederum Gedanken, sondern müßten körperliche Dinge sein. Platon läßt den jungen Sokrates diesen Einwand als ein Gegenargument akzeptieren, und es bleibt den Lesern und Leserinnen des Dialoges überlassen, einen anderen Weg zu finden, Ideen als etwas Gedachtes zu verstehen; es könnte beispielsweise darauf hinwiesen werden, daß sich durchaus etwas denken läßt, das keine räumliche Ausdehnung hat und insofern kein raum-zeitlicher Gegenstand ist. Wenn wir beispielsweise über geometrische Gesetze nachdenken, denken wir nicht über etwas Räumliches nach.

Sokrates zweiter Vorschlag besteht darin, Ideen als Urbilder aufzufassen. In diesem Fall wäre die Teilhabe der Dinge an den Urbildern eine Art von Ähnlichkeit, die die Abbilder mit den Urbildern verbindet. Dieses Verständnis der Ideen als Urbilder führt Parmenides zufolge allerdings wiederum in einen unendlichen Regreß. Wenn sich nämlich zwei Dinge – d.h. das Abbild und das Urbild – ähnlich seien, dann seien sie sich in bezug auf etwas, von den beiden Dingen unterschiedenem ähnlich. Das Urbild könne also nicht das eigentliche Urbild sein. Man müsse vielmehr ein zweites Urbild annehmen, das die Ähnlichkeit zwischen dem ersten Urbild und den Abbildern des ersten Urbildes begründe usw. Wiederum läßt Platon Sokrates diesen Einwand als Gegenargument akzeptieren, und wiederum bleibt offen, wie einem solchen Einwand zu begegnen wäre. Eine mögliche Lösung besteht darin, das Urbild als diejenige Instanz zu verstehen, an der exemplarisch deutlich wird, was es bedeutet, daß etwas eine bestimmte Eigenschaft hat. Die Ähnlichkeit des Urbildes mit dem Abbild bedeutet dann nicht, daß beide bestimmte gemeinsame Eigenschaften aufweisen, sondern daß sich im Abbild auf eine unvollkommene Weise die Eigenschaften des Urbildes finden. Beide Vorschläge, die Sokrates gegenüber Parmenides einwendet, lösen allerdings nicht das Problem, wie sich Sätze der Form ‚das F ist F', die sich auch in den späten Dialogen Platons noch finden, eindeutig verstehen lassen.

Der dritte Einwand des Parmenides, der hier nur erwähnt sein soll, besteht darin, daß ein Mensch, weil er zum Bereich der Erfahrungswelt gehöre, unmöglich die Dinge wissen könne, die nicht Teil seiner Erfahrungswelt seien. Andererseits könnten die Götter, die nicht Teil der wahrnehmbaren Welt sind, kein Wissen von der Erfahrungswelt, sondern nur von den Ideen haben. Dieser Einwand, der sich ähnlich auch an verschiedenen Stellen bei Aristoteles gegen die Ideenannahme findet, richtet sich gegen eine vollständige Trennung der Ideen von der Erfahrungswelt.

Alle drei Einwände, die Parmenides gegen die Annahme von

Ideen vorbringt, zielen auf eine bestimmte Art und Weise, wie man Ideen nicht verstehen darf. Ideen sind keine räumlichen Gegenstände und dürfen nicht als völlig getrennt von den Einzeldingen verstanden werden. Eines der Interpretationsprobleme der Einwände des Parmenides besteht in der Frage, ob die im *Parmenides* kritisierte Version der Ideen mit der Konzeption von Ideen in Platons mittleren Dialogen identisch ist. Wer diese Auffassung vertritt, versteht die Einwände, die Parmenides formuliert, als Platons Selbstkritik an der Konzeption der Ideen aus den mittleren Dialogen. In der Interpretation der mittleren Dialoge sind wir allerdings zu dem Ergebnis gekommen, daß Platon durch die Eigenschaften, mit denen er eine Idee beschreibt, ausschließen will, daß es sich bei einer Idee um einen raum-zeitlichen Gegenstand handelt (vgl. S. 116f.). Insofern wird man das Verständnis der Ideen, das Parmenides angreift, nicht mit dem Verständnis der Ideen aus Platons mittleren Dialogen identifizieren dürfen. Die Einwände treffen lediglich ein ganz bestimmtes, tatsächlich problematisches Verständnis von Ideen, das sich aber in der problematischen Form nicht in den mittleren Dialogen findet. Darauf deutet auch hin, daß Platon Sokrates als einen jungen Mann auftreten läßt, der noch nicht versiert genug ist, um die Ideenannahme adäquat gegen Einwände zu verteidigen. Ob es, vielleicht in Platons Akademie, einige Philosophen gab, die eine im *Parmenides* kritisierte Version der Ideenannahmen vertreten haben, läßt sich nicht mit Sicherheit feststellen. Deutlich ist aber, daß die Einwände, die Platon Parmenides formulieren läßt, in der Akademie diskutiert worden sind, denn einer der Einwände findet sich, wie wir gesehen haben, als Standardeinwand gegen die Ideenannahme in Aristoteles' *Metaphysik*.

c) Der Wissensbegriff im *Theaitetos*

Platons *Theaitetos* ist ein komplexer Dialog über die Frage, was Wissen bzw. was Erkenntnis ist. Die Schwierigkeiten der Interpretation dieses Werkes hängen auch mit der Dialogform zusammen, denn im *Theaitetos* greift Platon wieder auf die Form des aporetischen Definitionsdialoges zurück, und es ist – wie bei jedem aporetischen Dialog – unklar, ob die Aporien auf einer sachlichen Schwierigkeit beruhen, ob Platon im Dialog eine Lösung der diskutierten Probleme andeutet oder ob die Aporie beispielsweise dadurch entsteht, daß Platon bestimmte Argumentationsfehler unterlaufen, auf die er selbst nicht hinreichend aufmerksam geworden ist. Nach einer Einleitung, in der u. a. Kriterien für die Beantwortung einer Definitionsfrage diskutiert werden (*Tht.* 142 a 1–153 d 3), schlägt Theaitetos drei verschiedene Definitionen vor, die von Sokrates jeweils widerlegt werden: Wissen ist Wahrnehmung (*Tht.* 151 d 3–186 e 12), Wissen ist richtige Meinung (*Tht.* 187 a 1–201 c 6), und Wissen ist richtige Meinung verbunden mit einem *logos*, d.h. mit einer Erklärung oder mit einer Begründung (*Tht.* 201 c 7–210 b 3). Am ausführlichsten setzt sich Platon dabei mit der These auseinander, daß Wissen Wahrnehmung ist. Platons Widerlegung dieser These ähnelt insofern der Widerlegung von Definitionsversuchen in den frühen Dialogen, als der Leser und die Leserin des *Theaitetos* keinen Grund hat daran zu zweifeln, daß Platon die These wirklich für falsch und die Widerlegung für gültig gehalten hat (vgl. S. 71 f.). Unmittelbar nachdem Theaitetos die These, Wissen sei Wahrnehmung, eingeführt hat, interpretiert sie Sokrates im Sinne des sogenannten *Homo-mensura-Satzes* des Sophisten Protagoras, der vertreten hat, daß der Mensch das Maß aller Dinge sei. Platon versteht den *Homo-mensura-Satz* als Ausdruck eines epistemischen Relativismus. Ein epistemischer Relativist behauptet, daß es wahr und falsch, Wissen und Nichtwissen immer nur in bezug auf einen bestimmten Menschen gibt; die Dinge sind dem Relativisten zufolge nur so, wie sie einem Menschen erscheinen, und weil sie so sind, wie sie jemandem erscheinen, weiß derjenige, dem sie erscheinen, auch, wie sie sind. Wenn einer Person ein bestimmter Wind warm und einer anderen Person derselbe Wind kalt erscheint, hat es keinen Sinn, sich darüber zu streiten, wer von den beiden recht hat und ob der Wind wirklich warm oder kalt ist. Beide haben recht, denn der Wind ist für die erste Person warm und für die zweite kalt. Die erste Person weiß, daß der Wind warm ist, so wie die zweite Person weiß, daß der Wind kalt ist.

Sokrates widerlegt die zur Diskussion stehenden These mit mehreren, oft sehr differenzierten Argumenten. Ein ganz naheliegender Einwand ist beispielsweise, daß sich die These nicht mit Protagoras' Rolle als Lehrer verträgt, denn wenn jeder selbst das Maß der Dinge ist, dann gibt es keine Möglichkeit mehr zu verstehen, warum jemand überhaupt einen Lehrer braucht. Wenn man mit dem Anspruch auftritt, etwas unterrichten zu wollen, dann muß man den Schülern gegenüber einen Wissensvorsprung haben und in der Lage sein zu beurteilen, ob das, was die Schüler sagen, wahr oder falsch ist. Weil dieses Argument aber kein grundsätzliches Argument gegen die These sein kann, daß Wissen Wahrnehmung ist, sondern nur ein *ad hominem* Argument ist, dessen Gültigkeit hier darauf beruht, daß Protagoras eine These vertritt und gleichzeitig auf eine Art und Weise handelt, die der These widerspricht, reicht dieser Einwand nicht zur grundsätzlichen Widerlegung der These aus. Ein weiterer Einwand zielt darauf, daß Protagoras' These nicht für Wissensgebiete gelten kann, in denen anerkanntermaßen Kompetenzunterschiede möglich sind. Wenn beispielsweise ein Arzt eine Medizin verordnet, dann entscheidet der Erfolg der Medizin darüber, ob der Arzt mit seiner Einschätzung, die verordnete Medizin sei die richtige, recht gehabt hat oder nicht, d.h. ob sein Urteil richtig gewesen ist oder nicht.

Der entscheidende Einwand gegen die These, Wissen sei Wahrnehmung, ist, daß Wissen nicht dasselbe wie Wahrnehmung sein kann, weil Wahrnehmungen als solche kein Wissen enthalten können. Platon unterscheidet dazu zwischen der Frage, *womit* man wahrnimmt und *wodurch* man wahrnimmt. Man nimmt *durch* die Sinnesorgane wahr, denn durch unsere Sinnesorgane gelangen Sinneseindrücke wie Farben oder Gerüche von der Außenwelt in unsere Seele, oder, wie wir heute sagen würden, in unser Bewußtsein. Die Behauptung, daß wir *mit* der Seele wahrnehmen, beruht darauf, daß Sinneswahrnehmungen immer schon auf eine bestimmte Art und Weise geordnet von uns wahrgenommen werden. So nehmen wir beispielsweise wahr, daß Dinge eines, gleich, ähnlich oder verschieden sind. Was es aber bedeutet, daß etwas gleich, ähnlich oder verschieden ist, ist nichts, was wir aus den Wahrnehmungen selbst haben können. Wir können Farben, Gerüche oder Tasteindrücke wahrnehmen, aber nicht, was Gleichheit oder Ähnlichkeit oder Verschiedenheit ist. Wenn wir etwas wahrnehmen, nehmen wir es immer schon strukturiert wahr, und die Struktur dieser Wahrnehmung stammt nicht aus der Wahrnehmung selbst, sondern ist etwas, das von der Seele aktiv zu den Sinneseindrücken hinzukommt. Wenn ich beispielsweise aus dem Fenster schaue und drei Bäume sehe, dann liegt die Tatsache, daß ich *drei* Bäume sehe, nicht ausschließlich an den Wahrnehmungen selbst, sondern ebenso daran, daß ich einen Begriff davon habe, was ein Baum ist, und daran, daß ich zählen kann. Ich habe nicht bloß eine ungeordnete und unstrukturierte Grünwahrnehmung, sondern sehe das, was ich sehe, *als* etwas, nämlich als drei Bäume. Daß Platon sich hier u. a. auf das Problem der apriorischen Erkenntnis, das er u. a. im *Menon* und im *Phaidon* diskutiert hatte (vgl. S. 105 ff.), bezieht, ist offensichtlich. Nun bezieht sich Wissen stets auf Wahrheit, denn wenn wir wirklich etwas wissen, ist das, was wir wissen, wahr. Wahrheit ist aber ebensowenig wie Gleichheit oder Verschiedenheit durch die Wahrnehmung gegeben, sondern ein in dem Sinn apriorischer Begriff, daß wir die Bedeutung des Begriffs nicht aus der Wahrnehmung gelernt haben können. Folglich kann sich Wissen nicht auf bloße Sinneseindrücke beziehen, sondern nur auf das, was durch die Seele bereits strukturiert worden ist. Diese strukturierten Sinneseindrücke drücken wir in Sätzen aus, in denen wir beispielsweise behaupten, daß bestimmte Dinge gleich, ähnlich oder verschieden voneinander sind. Nur von Sätzen, die die Objekte des Wissens sind, läßt sich sinnvollerweise aussagen, daß sie wahr oder falsch sind, und nur von Sätzen läßt sich sagen, daß sie gewußt werden können. Wissen kann nicht Wahrnehmung sein, weil sich das Objekt der Wahrnehmung grundsätzlich von dem Objekt des Wissens unterscheidet.

Daß Platon Sokrates im *Theaitetos* bestreiten läßt, daß Wissen eine Form der Wahrnehmung sei, hat rückblickend auf die mittleren Dialoge Konsequenzen für das Verständnis der Erkenntnismöglichkeit von Ideen. Platon sieht offensichtlich, daß die Erkenntnis von Ideen oder Begriffen nicht analog zur Wahrnehmung verstanden werden kann. Erkennen und Wissen ist grundsätzlich etwas anderes als Wahrnehmen. Diese Auffassung wirft freilich Fragen bezüglich einer intellektuellen Schau, wie Platon sie im *Symposion* angedeutet hat, auf. Wenn wir aus dem *Parmenides* entnehmen können, daß Ideen keine Gegenstände sind, und Platon im *Theaitetos* darüber hinaus zeigt, daß Erkenntnis und Wissen nicht adäquat mit Begriffen der Wahrnehmung erfaßt werden kann, dann stellt sich die ganz prinzipielle Frage, wie wir die Metapher der intellektuellen Schau verstehen können. Eine Antwort auf diese Frage findet sich in Platons Dialogen nicht.

Die Widerlegung des zweiten und dritten Definitionsversuchs beruht u. a. ebenfalls darauf, daß Platon Sokrates das Objekt des Wissens als einen räumlichen Gegenstand und das Wissen folglich analog zur Wahrnehmung eines Gegenstandes verstehen läßt. So bringt er beispielsweise in der Widerlegung der These, daß Wissen richtige Meinung sei, zwei Gleichnisse, die erklären sollen, wie es falsche Meinungen geben kann. Im ersten Gleichnis (*Tht.* 191 a 5–196 c 9) wird die Seele mit einem Wachsblock verglichen, in den sich die Eindrücke, die die Seele empfängt, einprägen; zu einer falschen Meinung kann es u. a. dann kommen, wenn man sich in der Wahrnehmung des Eindrucks, den die Dinge in der Seele hinterlassen haben, irrt. Im zweiten Gleichnis (*Tht.* 197 a 8–200 d 4) wird die Seele mit einem Taubenschlag verglichen, in den man hineingreift, um eine Taube herauszuholen; eine falsche Meinung wird hier mit der Möglichkeit verglichen, versehentlich eine falsche Taube im Taubenschlag zu erwischen. In beiden Fällen wird das Objekt des Wissens mit einem wahrnehmbaren Gegenstand verglichen, und es ist u. a. dieser Vergleich, der in die aporetische Gesprächssituation führt. Die Diskussion der dritten Definition, der zufolge Wissen wahre Meinung verbunden mit *logos* ist, führt u. a. dadurch, daß es nicht gelingt, den Begriff des *logos* widerspruchsfrei zu bestimmen, zur Schlußaporie des Dialoges. Dahinter steht ein bis heute kontrovers diskutiertes sachliches Problem: Was muß zur wahren Meinung noch dazukommen, damit aus der wahren Meinung Wissen wird?

Das Verhältnis des *Theaitetos* zu den mittleren Dialogen und den dort diskutierten Auffassungen von Ideen und Ideenerkenntnis ist nicht einfach zu bestimmen. Einerseits ist deutlich, daß die im *Theaitetos* kritisierten Auffassungen von Wissen Konsequenzen für die Möglichkeit einer Ideenerkenntnis, wie Platon sie in den mittleren Dialogen skizziert, hat; andererseits fehlen eindeutige und klare Verweise auf die in den mittleren Dialogen diskutierten Auffassungen. Man kann den *Theaitetos* zumindest zum Teil lesen und verstehen, ohne die Ideenannahmen und die damit verbundenen Probleme der mittleren Dialoge zu kennen. Es finden sich Verbindungen zu Problemstellungen der mittleren Dialoge – wie beispielsweise in der Frage nach apriorischen Begriffen und deren Bedeutung für einen Wissensbegriff –, aber es fehlen viele der Bestimmungen, die in den mittleren Dialogen mit der Annahme von Ideen verbunden sind.

d) Die Aufgabe des Philosophen

Die Ideengemeinschaft im *Sophistes*

Im *Parmenides* läßt Platon den jungen Sokrates ein Forschungsprogramm skizzieren, das treffend zum Ausdruck bringt, was Platons späten Dialogen zufolge die Aufgabe eines Philosophen ist (vgl. S. 152). Sokrates meint, es wäre außerordentlich interessant und verwunderlich, wenn es jemandem gelänge, zunächst die Ideen – wie beispielsweise die Idee der Gleichheit und der Ungleichheit, der Vielheit und der Einheit, der Bewegung und der Ruhe – voneinander zu unterscheiden, um dann in einem zweiten Schritt zu zeigen, wie sich diese Ideen miteinander mischen und wie sie miteinander verbunden sind (*Parm.* 129d6–130a2). Eine solche Art der philosophischen Untersuchung wird im zweiten Teil des *Parmenides*, aber auch in anderen Spätdialogen durchgeführt. Weil der zweite Teil des *Parmenides* außerordentliche Interpretationsschwierigkeiten mit sich bringt, bietet es sich an, die Durchführung dieses philosophischen Programms nicht am *Parmenides*, sondern am Beispiel des *Sophistes* zu verdeutlichen. Die Aufgabe des Philosophen bzw. des Dialektikers (vgl. S. 124) besteht dem *Sophistes* zufolge darin, die Gemeinschaft der Ideen zu untersuchen, d.h. zu untersuchen, welche Ideen miteinander identisch und welche voneinander zu unterscheiden sind, welche Ideen sich miteinander verbinden und welche nicht (*Soph.* 253b9–254a2). Angesichts der Schwierigkeiten, die sich in den mittleren Dialogen in bezug auf die Erkenntnis der Idee ergeben haben, scheint ein derartiges Forschungsprojekt als kaum durchführbares Unterfangen. Wenn es schon beinahe unmöglich ist, eine einzelne Idee zu erkennen, wie soll man dann erkennen können, welche Ideen miteinander in einer Gemeinschaft stehen und welche nicht?

Platons geradezu revolutionäre Methode besteht im *Sophistes* darin, anhand von *Sätzen*, d.h. anhand der Frage, wie wir Begriffe in Sätzen gebrauchen, die mögliche Gemeinschaft verschiedener

Ideen zu erforschen. Was Platon bereits im *Phaidon* angedeutet hatte, daß sich Sokrates von der Betrachtung der Dinge selbst weg und zu einer Betrachtung der Sätze über die Dinge hin gewandt hat (vgl. S. 123), wird in den Spätdialogen konsequent durchgeführt. Der Philosoph muß nicht in einen von der Erfahrungswelt unterschiedenen ‚Ideenhimmel' schauen, muß sich nicht an das wiedererinnern, was seine Seele vorgeburtlich geschaut hat, braucht keine metaphysische Erfahrung, sondern untersucht anhand von Sätzen, wie sich die Ideen zueinander verhalten. Dabei sind es nicht nur Sätze über Begriffe, anhand derer der Philosoph die mögliche Gemeinschaft der Ideen erkennt, sondern Sätze über Gegenstände in unserer Erfahrungswelt. Anhand der Frage, ob bestimmte Sätze über Gegenstände in unserer Erfahrungswelt sinnvolle Sätze sind oder nicht, d.h. anhand der Frage, ob es Bedingungen geben kann, unter denen diese Sätze wahr sein können, entscheidet sich, ob die Begriffe (bzw. Ideen) miteinander Gemeinschaft haben oder nicht. Etwas technischer ausgedrückt: Ob zwei Ideen F und G miteinander Gemeinschaft haben oder nicht, entscheidet sich daran, ob es einen Satz der Form ‚a ist F und G' geben kann, der wahr ist, wobei ‚a' für einen beliebigen Gegenstand oder ein Lebewesen oder eine Handlung steht. So haben beispielsweise die Begriffe der Ruhe und der Bewegung nicht miteinander Gemeinschaft. Es kann unmöglich einen wahren Satz der Form ‚a ist in Ruhe und bewegt' geben, weil es nichts geben kann, das (in derselben Hinsicht) sowohl in Ruhe als auch bewegt ist. Andererseits haben die Begriffe der Verschiedenheit und der Ruhe miteinander Gemeinschaft, weil es möglich ist, daß ein Satz der Form ‚a ist in Ruhe und verschieden (von ...)' wahr ist.

Ein Teil der Aufgabe der Untersuchung der Ideengemeinschaft besteht darin, zu erforschen, ob bestimmte Ideen miteinander identisch oder ob sie verschieden voneinander sind. Im *Sophistes* untersucht Platon, ob die Begriffe ‚Sein', ‚Bewegung', ‚Ruhe', ‚Identität' und ‚Verschiedenheit' unterschiedliche Begriffe sind. Als Beispiel sei die Frage herausgegriffen, ob der Begriff der Verschiedenheit identisch mit dem Begriff der Bewegung oder mit dem Begriff der Ruhe ist. Daß die Begriffe der Bewegung und der Ruhe voneinander verschieden sind, ist gezeigt worden (s. o.). Sie haben keine Gemeinschaft miteinander, müssen also verschieden voneinander sein. Nun läßt sich aber sowohl von einem Gegenstand, der in Ruhe ist, als auch von einem zweiten Gegenstand, der bewegt ist, widerspruchsfrei aussagen, daß beide Gegenstände verschieden voneinander sind. Wenn zwei Gegenstände, von denen der eine bewegt und der andere in Ruhe ist, also beiden eine Eigenschaft F zugesprochen werden kann, dann ist unmöglich, daß diese Eigenschaft F identisch mit der Eigenschaft, in Bewegung zu sein, oder identisch mit der Eigenschaft, in Ruhe zu sein, ist, denn sonst ließe sich von einem Gegenstand, der bewegt ist, behaupten, er sei in Ruhe und umgekehrt, und das ist unmöglich. Folglich ist der Begriff der Verschiedenheit ein von den Begriffen der Ruhe und der Bewegung zu unterscheidender Begriff.

Platon beläßt es nicht dabei, nur die mögliche Gemeinschaft der Begriffe zu untersuchen, sondern entwickelt zudem noch die Vorstellung einer bestimmten Hierarchie der Begriffe. Es gibt bestimmte Begriffe, die mit jedem anderen Begriff Gemeinschaft haben, z. B. der Begriff der Identität, der Verschiedenheit und des Seins. Von allem und jedem läßt sich sagen, daß es mit sich identisch oder von einem anderen verschieden ist. Von allem und jedem läßt sich sagen, daß es (etwas) *ist*, also an der Idee des Seins teilhat. Die Frage nach einem Über- und Unterordnungsverhältnis von Ideen bzw. Begriffen wird uns in dem nächsten Punkt im Zusammenhang mit der Dihairese noch einmal ausführlicher beschäftigen.

Die Untersuchungen des *Sophistes* über die Gemeinschaft der Ideen sind philosophiegeschichtlich und systematisch vor allem deswegen von so großer Bedeutung, weil Platon damit seiner Philosophie eine neue Grundlage gegeben hat, nämlich die der Analyse der Sprache. Die heutige sprachanalytische Philosophie hat gerade von der Beschäftigung mit Platons Spätwerken wichtige Anregungen und Impulse empfangen. Platons neuer methodischer Ansatz läßt es ebenso wie seine Untersuchungen zum Wissensbegriff im *Theaitetos* fraglich erscheinen, ob Platon selbst an die Möglichkeit der Ideenerkenntnis durch eine Form des geistigen Sehens, der Schau, geglaubt hat. Wenn er in der geistigen Schau eine solide Methode philosophischer Erkenntnis gesehen hätte, wäre kaum verständlich, warum er von dieser Methode in seinen Spätwerken keinen Gebrauch mehr gemacht hat.

Die Dihairese

Eng mit der Neubestimmung der Aufgabe des Philosophen ist die sogenannte Dihairese verbunden, die sich in einigen Spätdialogen Platons findet. Der Begriff der Dihairese kommt vom griechischen *dihairesis*, d. h. ‚Unterscheidung‘, und meint eine Einteilung der Begriffe durch Unterscheidungen. In den Spätdialogen finden sich verschiedene Arten von Dihairesen. Die einfachste Form der Dihairese besteht darin, von einem Oberbegriff auszugehen, diesen in zwei Unterbegriffe zu teilen, von denen der eine fallengelassen und der zweite Unterbegriff als ein neuer Oberbegriff gebraucht wird, der dann seinerseits wiederum in zwei Unterbegriffe geteilt wird usw. Dieses Verfahren wird so lange durchgeführt, bis man durch immer differenziertere Unterscheidungen zu dem Begriff kommt, der bestimmt werden soll. Ein Beispiel dieser Form der Dihairese findet sich u. a. im *Sophistes*. Platon will dort bestimmen, was ein Angelfischer ist. Dazu wird zunächst zwischen einem Menschen, der sich auf eine bestimmte Technik versteht, und einem Menschen, der sich nicht auf eine Technik versteht, unterschieden. Der Angelfischer muß zu denjenigen Menschen gehören, die sich auf eine Technik verstehen. Der Begriff der Technik wird nun wieder unterschieden in die einer Technik, die dazu dient, bestimmte Dinge zu produzieren, und einer Technik, die allein dem Erwerb dient. Weil ein Fischer nichts produziert, sich aber durch sein Angeln etwas erwirbt, gehört der Angelfischer zu denjenigen, die sich auf die Erwerbstechnik verstehen. Diese Erwerbstechnik wird wiederum unterschieden in zwei Arten, etwas zu erwerben: Man erwirbt etwas entweder durch Tausch bzw. Kauf oder durch die Kunst der Bemächtigung. Der Angelfischer versteht sich auf die Kunst der Bemächtigung. Nach insgesamt zehn Unterscheidungen ist schließlich der Angelfischer bestimmt.

An diesem Beispiel wird zweierlei deutlich: Zum einen hängt das dihairetische Verfahren eng mit der Frage nach der Definition eines Begriffes zusammen. Die Dihairese führt zu einer komplexen Definition eines Begriffes, denn die Definition des Angelfischers wäre ein Mensch, der sich auf eine Technik, und zwar auf eine Art der Erwerbstechnik durch Bemächtigung, versteht usw. Derjenige, der die Dihairese durchführen kann, besitzt ein vollständiges Wissen um das, was ein Angelfischer ist. Zum anderen wird am Beispiel der Bestimmung des Angelfischers auch ein Problem der Dihairese deutlich: Derjenige, der den Angelfischer bestimmen will, muß bereits ein Vorwissen davon haben, was ein Angelfischer ist, weil es ihm sonst weder möglich wäre zu entscheiden, welcher der beiden Unterbegriffe als relevanter neuer Oberbegriff zu wählen ist, noch zu bestimmen, welche Begriffe überhaupt für die Begriffsbestimmung relevant sind. So muß er beispielsweise bereits wissen, daß die Frage danach, ob sich der Mensch auf eine Technik versteht oder nicht, eine für die Bestimmung des Angelfischers relevante Unterscheidung ist.

Platon führt das Beispiel des Angelfischers im *Sophistes* als ein Modell ein, an dem man sich orientieren soll, wenn es darum geht, philosophisch relevante Begriffe zu bestimmen. Durch die Dihairese wird eine vollständige und übersichtliche Darstellung der Begriffsverhältnisse innerhalb eines bestimmten Bereichs angestrebt. Das Problem der Interpretation der Dihairese im *Sophistes* besteht darin, daß Platon im selben Dialog bei der Untersuchung des Seinsbegriffs, dem zentralen philosophischen Thema des *Sophistes*, andere philosophische Methoden anwendet. Bei der Untersuchung der Ideengemeinschaft beispielsweise (vgl. S. 164 ff.) macht Platon von der Dihairese keinen Gebrauch.

Es gibt nicht nur einfache Dihairesen wie die im *Sophistes*, sondern auch komplexere Formen der begrifflichen Einteilungen. So findet sich im *Philebos* beispielsweise eine Dihairese, die die Ordnung im Bereich der sprachlichen Laute deutlich machen soll:

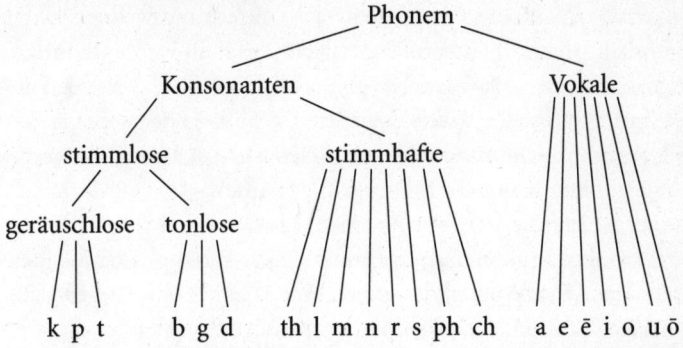

Die untere Reihe enthält sämtliche Laute, die als jeweilige Einheiten in der griechischen Sprache unterschieden werden können (nicht sämtliche Buchstaben, denn die sogenannten Zwiekonsonanten, ausgesprochen als d + s, k + s und p + s, haben einen eigenen Buchstaben, finden sich aber nicht in dieser Einteilung). Der oberste Begriff, der des Phonems, entspricht dem, was die spätere Tradition den Gattungsbegriff (gr. *genos*) nennen wird. Auch Platon gebraucht den Begriff *genos*, allerdings überwiegend, ohne ihn vom Begriff *idea* oder *eidos* zu unterscheiden. Die Einteilung in Konsonanten und Vokale ist eine Einteilung der Gattung in Arten, die Einteilung innerhalb der Konsonanten eine Einteilung in Unterarten bis hin zu den Lauten. Wer sämtliche für die Bestimmung relevanten Arten und Unterarten kennt, also beispielsweise weiß, daß man innerhalb der Konsonanten noch einmal zwischen stimmlosen und stimmhaften unterscheiden muß, der hat einen vollständigen Überblick über den Bereich der sprachlichen Laute und verfügt über ein Wissen darüber, was ein jeweiliger sprachlicher Laut ist.

Methodisch von besonderem Interesse an einer Dihairese wie der des *Philebos* ist nicht nur die genau Anzahl der Arten und Unterarten, sondern auch die untere Reihe. Die Termini, die dort stehen – in vorliegenden Beispiel die Lauteinheiten –, bezeichnen die *infimae species*, d.h. die letzten oder untersten Arten, die sich unmittelbar auf die Dinge in unserer Erfahrungswelt beziehen und nicht weiter in andere Unterarten unterteilt werden können. Wenn jemand beispielsweise eine Dihairese über verschiedene Obstarten aufstellen wollte, käme er erst dann zu den *infimae species*, wenn er nicht nur das Obst in Arten wie Äpfel oder Erdbeeren aufgeteilt hätte, sondern den Begriff des Apfels selbst wiederum so lange in verschiedene Sorten unterteilt hätte, bis er zu Sortennamen eines konkreten Apfels kommt, z. B. ‚Boskop‘ oder ‚Golden Delicious‘. Das Wissen, das durch eine solche Dihairese erreicht wird, ist nicht nur ein Wissen über die Begriffe und über die Verhältnisse der Begriffe innerhalb eines Wissensgebietes, sondern auch ein Wissen um die Dinge in der Erfahrungswelt. Um die Dihairese vollständig durchzuführen, ist die Kenntnis der Apfelsorten in unserer Erfahrungswelt und der Kriterien der Unterscheidung von konkreten Äpfeln vonnöten. Die strikte Trennung zwischen Erfahrungs- und Ideenwelt, die u.a. zu den Problemen im *Parmenides* geführt hat, wird im *Philebos* also ebenso wie im *Sophistes* zugunsten einer Unterscheidung zwischen den Bereichen, bei der der Bezug der Bereiche aufeinander deutlich bleibt, aufgegeben.

Ähnlich wie im *Sophistes*, so dient auch im *Philebos* die Dihairese nur als ein Beispiel für eine Methode, an der sich philosophische Untersuchungen orientieren sollen. Wie im *Sophistes*, so irritiert an der Interpretation der Dihairese auch im *Philebos*, daß die eigentlichen philosophischen Untersuchungen in diesem Dialog nicht mit Hilfe der Dihairese geführt werden. Dieses Problem hat in der Forschung immer wieder zur Frage Anlaß gegeben, wie ernst Platon selbst die Dihairese als Methode genommen hat. Es gibt Dihairesen, wie beispielsweise die des Angelfischers, die in ihrer Ausführlichkeit beinahe pedantisch wirken und eher als Parodien auf einen übertriebenen Optimismus erscheinen, den vielleicht einige Mitglieder der Akademie der Dihairese entgegenbrachten haben. Hinzu kommt, daß eine vollständige Dihairese zwar eine übersichtliche Form der Darstellung bietet, aber offenbleibt, wie man methodisch geordnet zu der Dihairese selbst kommt. Platon hat die Dihairese wohl vor allem als ein Modell für die Darstellung begrifflicher Verhältnisse verstanden. Wer in der Lage ist, nicht nur in bezug auf einen eng begrenzten Bereich wie den der sprachlichen Laute, sondern in bezug auf die ganze Wirklichkeit eine Dihairese aufzustellen, in der sämtliche relevanten Begriffe in eine Ordnung zueinander gebracht werden, der hat ein vollständiges Wissen um die Wirklichkeit erlangt – eine göttliche Aufgabe, wie Platon im *Philebos* hinzufügt. Wenn die Dihairese als eine Form der Darstellung verstanden wird, überrascht es nicht mehr, daß Platon sich immer dann anderer philosophischer Methoden bedient, wenn er die Frage beantworten will, welchen Platz ein bestimmter Begriff innerhalb einer zu erstellenden Dihairese einnimmt. Die Dihairese gibt darauf keine Antwort. Sie ist keine Methode, die man zur Lösung dieser Frage anwenden könnte. Wenn Platon im *Sophistes* bestimmen will, ob der Begriff der Ruhe mit dem Begriff der Verschiedenheit identisch ist oder ob ein Begriff der Oberbegriff des anderen Begriffes ist, muß sich Platon anderer philosophischer Methoden bedienen, denn als eine Forschungsmethode ist die Dihairese ungeeignet.

10. Schlußwort

„Ich würde sagen, es ist die treffendste Charakterisierung der philosophischen Tradition Europas, daß sie aus einer Reihe von Fußnoten zu Platon besteht."[19] Kaum ein anderes Diktum bringt so treffend die Bedeutung Platons zum Ausdruck wie dieses des Philosophen Alfred N. Whitehead. Wenn diese Fußnoten auch von Aristoteles angefangen bei vielen Philosophen die Form von Widerlegungsversuchen angenommen haben, so belegt das nur, daß an Platon bzw. einer Auseinandersetzung mit einer an Platon orientierten Philosophie kein Weg vorbeiführt. Dabei ist es aufschlußreich, wie Whitehead mit seinem Lob Platonischer Philosophie fortfährt: „Damit meine ich aber nicht jene systematischen Gedankengebäude, die seine Schüler mit bedenklichem Eifer aus seinen Schriften abgeleitet haben; sondern ich denke an die Fülle fundamentaler Gedanken, die überall bei ihm zu finden sind". Und in der Tat: Platon ist derjenige Philosoph, der als erster über Sokrates hinaus die grundlegenden Fragen und Probleme formuliert hat, die in der Philosophie bis heute diskutiert werden. Seine Methodenvielfalt, sein Problembewußtsein und nicht zuletzt die Art und Weise, wie er in den Dialogen die Gesprächspartner miteinander eine philosophische Untersuchung führen läßt, ist beispielhaft für jede philosophische Auseinandersetzung. Gerade auch in unserer Zeit, in der sich viele Philosophen für die trockene und oft lebensferne Universitätsphilosophie entscheiden, kann Platons

---

[19] Vgl. A. Whitehead: *Process and Reality,* New York (1929), dt.: *Prozeß und Realität,* Frankfurt (1979), 91 f.

Philosophie, in der sich Lebensnähe mit hoher theoretischer Abstraktion verbindet, zum lebendigen Impuls einer Erneuerung der Philosophie werden. Platons Einfluß auf die Geschichte der Philosophie kann kaum überschätzt werden. Schon die Geschichte seiner eigenen Schule, der Akademie, zeigt dabei, was für unterschiedliche Formen die Rezeption von Platons Philosophie annehmen kann. Mit Platons Nachfolger in der Leitung der Akademie, Speusippos, wurde im Anschluß an Platons ungeschriebene Lehre das Prinzipiensystem weiter ausgebaut. Die Philosophie dieser später sogenannten ‚Alten Akademie' drohte, zum festgefahrenen System zu erstarren. 275 v. Chr. wurde Arkesilaos zum Leiter der Akademie gewählt. Er wandte sich gegen die dogmatische Platoninterpretation der Alten Akademie und vertrat – unter Berufung auf Platon! – einen konsequenten Skeptizismus. Zu Beginn des 1. Jh. v. Chr. kehrte die Akademie wieder zu einem eher dogmatischen Platonverständnis zurück, das die Rezeption des Platonismus in der Kaiserzeit und Spätantike wesentlich prägen sollte. Ab dem 2. Jh. n. Chr. kam es zum Gespräch zwischen Platonikern und christlichen Theologen, mit der Folge, daß Platon mit seiner Philosophie wie kein anderer die christliche Theologie der ersten Jahrhunderte von Clemens von Alexandrien und Origines bis Augustinus geprägt hat. Sowohl die byzantinische Kultur des Ostens als auch die italienische Renaissance läßt sich nicht nur in ihrer Philosophie, sondern auch in ihrer Literatur und ihren künstlerischen Werken ohne die Kenntnis Platons und seiner Werke nicht begreifen. Wenn auch vom 18. Jh. an mit dem aufkommenden Materialismus und der Abkehr von metaphysischen oder theologischen Fragestellungen das Interesse an Platon eher abgenommen hat, so gelten seine philosophischen Annahmen doch auch heute noch als ein Modell, das in vielen Teilgebieten der Philosophie, von Bedeutungstheorien über die Theorie der Mathematik bis hin zu Fragen der Begründung von Ethik und einer philosophischen Theologie, große Bedeutung hat. Obwohl in der Rezeption von Platons Philosophie vielleicht weniger sein eigenes philosophisches Anliegen als vielmehr ein eher dogmatisch orientiertes Verständnis seiner ‚Ideenlehre' über Jahrhunderte, ja Jahrtausende die philosophische Diskussion geprägt hat, so schlägt doch der Witz, die Lebensnähe, die Tiefe seiner Phänomenanalyse, die Differenziertheit seiner Methodik und die Komplexität seines Problembewußtseins den Leser und die Leserin seiner Dialoge auch heute noch unmittelbar in seinen Bann. Wer sich wirklich auf Platons Dialoge einläßt, wird durch seine Schriften selbst zum Philosophen, den die Fragen und Probleme, die sie aufwerfen, nicht mehr loslassen werden.

Literaturhinweise zum Weiterlesen

Dieses Literaturverzeichnis soll lediglich ein paar Hinweise geben, wie man sich nach der Lektüre dieser Platoneinführung vielleicht sinnvoll weiter mit Platon beschäftigen kann. Eine gute Ergänzung zu der vorliegenden *Einleitung* ist H. Görgemanns: Platon, Heidelberg 1994. Görgemanns Einleitung ist vor allem philologisch ausgerichtet ist und bietet eine gute, umfangreiche **Bibliographie**, an der man sich auch für speziellere Fragestellungen orientieren kann. Eine ausführliche Bibliographie, allerdings vor allem englischsprachiger Literatur, findet sich in R. Kraut, The Cambridge Companion to Plato, Cambridge (1992), 493–529. Statt zu weiteren Büchern oder Aufsätzen über Platon zu greifen, sollte man aber vor allem seine Dialoge selbst lesen. Vielleicht beginnt man dabei sinnvollerweise mit dem *Phaidon* oder dem *Symposion*.

Die ***Übersetzung*** von R. Rufener: Platon. Sämtliche Werke, Vol. I–VIII, Zürich/München 1974 ist am besten und flüssigsten zu lesen, dabei aber immer noch nahe am griechischen Text. Einige seiner Übersetzungen sind auch als Einzelausgaben erhältlich. Die genaueste Übersetzung ist die von F. Schleiermacher und H. Müller, hrsg. von W. F. Otto, E. Grassi, G. Plamböck, Reinbeck 1994. Sie liegt auch der zweisprachigen Ausgabe der Werke Platons der Wissenschaftlichen Buchgesellschaft, Darmstadt 1977, zugrunde. Der griechische Text dieser Ausgabe ist nicht der Text der Oxforder Ausgabe (vgl. S. 10), nach der üblicherweise zitiert wird, sondern der der Pariser Ausgabe (Les Belles Lettres), die neben einem neuen (aber nicht immer besseren) griechischen Text einen gegenüber Burnet ausführlicheren textkritischen Apparat bringt; die Pariser

Ausgabe stammt von verschiedenen Autoren (Platon, Œuvres complètes, Vol. I–XIV, Paris 1920–1956) und wird teilweise neu überarbeitet. Von vielen Dialogen gibt es Einzelübersetzungen von unterschiedlicher Qualität. Eine brauchbare *Lesehilfe* zum ersten Verständnis der Dialoge ist immer noch P. Friedländer, Platon, Berlin 1964–1975³. Friedländer geht in seinen drei Bänden ausführlich auf jeden Dialog ein und verbindet eine Inhaltsangabe mit (oft allerdings überholter) philosophischer Interpretation. Die beste Information über Sokrates bringt K. Döring: Sokrates, die Sokratiker und die von ihnen begründete Tradition, in: H. Flashar, Grundriß der Geschichte der Philosophie, begründet von F. Ueberweg, Bd. 2/1 Basel (1998), 139–178 und 324–341.

Von der Akademie der Wissenschaften und der Literatur zu Mainz wird von E. Heitsch und C. W. Müller eine neue Gesamtausgabe der Werke Platons mit einer neuen Übersetzung und einem jeweils ausführlichen *Kommentar* herausgeben. Erschienen sind bereits: *Protagoras* (von B. Manuwald, Göttingen 1999), *Lysis* (M. Bordt, Göttingen 1998), *Phaidros* (E. Heitsch, Göttingen 1993), *Philebos* (D. Frede, Göttingen 1997), und *Nomoi* I–III (K. Schöpsdau, Göttingen 1994). Brauchbare Kommentare zu anderen Werken Platons gibt es vor allem in englischer Sprache; besonders empfohlen seien Kommentare zu Platons *Staat* von R. C. Cross und A. D. Woozley: Plato's Republic, London 1964, und W. Kersting, Platons ‚Staat', Darmstadt 1999; zum *Menon* von J. Klein: A commentary on Plato's Meno, Chicago 1965; zum *Timaios* entweder von A. E. Taylor: A commentary on Plato's Timaeus, Oxford 1928, oder von F. Cornford: Plato's cosmology, London 1937; zum *Theaitetos* von M. Burnyeat, Plato's Theaetetus, Oxford 1988; zum *Phaidon* von D. Frede: Platons ‚Phaidon', Darmstadt 1999.

Zu den philosophisch ergiebigsten deutschsprachigen *Studien über Platon* gehören W. Wieland: Platon und die Formen des Wissens, Göttingen 1982, und P. Stemmer: Platons Dialektik, Berlin/New York 1992. Wieland argumentiert von der Dialogform und Platons Wissensbegriff her dafür, daß man nicht sinnvoll von einer Ideen*lehre* bei Platon sprechen kann; Stemmer untersucht Platons philosophische Methode in den frühen und mittleren Dialogen und zeigt, daß es keinen methodisch relevanten Unterschied zwischen Elenktik und Dialektik gibt. Hilfreiche englischsprachige Bücher sind E. N. Tigerstedt: Interpreting Plato, Uppsala 1977 (über die verschiedenen Platoninterpretationen und die ihnen zugrundeliegenden Voraussetzungen), A. E. Taylor: Plato the Man and his Work, London 1948[5] (eine ausführliche Einführung in Platon), T. M. Robinson: Plato's Psychology, Toronto u. a. 1995[2], L. Robin: La théorie platonicienne de l'amour (über *Lysis*, das *Symposion* und *Phaidros*), Paris 1994. Eine anregende Sammlung von Artikeln über Platon zu verschiedenen Themen, auch zur Dialogform, ist E. Heitsch, Wege zu Platon, Göttingen 1992, und T. Kobusch u. B. Mojsisch: Platon, Seine Dialoge in der Sicht neuer Forschung, Darmstadt 1996. Die wichtigsten Platonaufsätze von Gregory Vlastos finden sich in G. Vlastos: Platonic Studies, Princeton 1981[2]. Eine weitere gute Aufsatzsammlung ist R. Kraut, The Cambridge Companion to Plato, Cambridge 1992. Ein hilfreicher Aufsatz über die Ideenlehre ist G. Patzig: Platons Ideenlehre – kritisch betrachtet, in: Antike und Abendland 16 (1970) 113–126; wiederabgedruckt in: ders.: Gesammelte Schriften, Bd. III, Göttingen (1996) 9–31. Zum *Phaidon* ist hilfreich F. Ricken: Die Unsterblichkeitsgewißheit in Platons ‚Phaidon', in: Rabanus Maurus Akademie (Hrsg.): Stichwort Tod, Frankfurt (1979) 98–117, zum *Symposion* vgl. D. Halperin: Platonic *Erōs* and What Men Call Love, in: Ancient Philosophy 5 (1985) 161–204; zur Dreiteilung der Seele vgl. C. Kahn: Plato's Theory of Desire, in: Review of Metaphysics 41 (1987) 77–103; als Einführung in den *Theaitetos* F. Ricken: Ontologie und Erkenntnistheorie in Platons *Theaitetos*, in: O. Muck (Hrsg.): Sinngestalten, Innsbruck u. a. (1989) 212–230. Gute Aufsätze zu Platon finden sich in der Zeitschrift *Phronesis* und dem *Archiv für Geschichte der Philosophie*.

Anhang: Platons Dialoge

Dieser Anhang dient der ersten Orientierung über den Inhalt der Dialoge Platons, die alphabetisch geordnet sind. Wenn ein bestimmter Dialog oder Teile des Dialoges bereits im vorliegenden Buch vorgestellt worden wird, wird auf die jeweiligen Seiten verwiesen. Zur Frage nach der Echtheit und Chronologie der Schriften vgl. S. 33 ff.

Alkibiades I Vermutlich unechter Dialog über die Frage nach Selbsterkenntnis.

Apologie Platons Darstellung der drei Reden, die Sokrates zu seiner Verteidigung gegen die Anklage, er verderbe die Jugend, verehre nicht die Götter der Stadt und führe statt dessen neue Götter ein, gehalten hat. Innerhalb der ersten Rede gibt Sokrates eine ausführliche Darstellung und Begründung seiner Art zu philosophieren. Um das Delphische Orakel zu verstehen, das ihn als den weisesten Menschen bezeichnet hat, prüft er die Weisheit angesehener Bürger Athens und stellt fest, daß sie sich lediglich einbilden, sie wüßten etwas darüber, worin das gute und gelungene Leben besteht. Sokrates' Weisheit besteht darin, daß er sich seines Nichtwissens bewußt ist (vgl. S. 56). Die philosophische Prüfung ist durch die Einsicht motiviert, daß ein ungeprüftes Leben nicht lebenswert ist. Nach seiner Verurteilung durch die Richter beantragt Sokrates in der zweiten Rede als Strafe, ihm eine der höchsten Athener Auszeichnungen zukommen zu lassen, weil er durch die Prüfung den Bürgern Athens unschätzbare Dienste geleistet hat. Als die Richter empört reagieren und der Strafforderung der Ankläger nachkommen, Sokrates zum Tode zu verurteilen, reagiert dieser in der dritten Rede gelassen und ruhig, weil für einen Menschen, der gut und richtig gelebt hat, der Tod kein Übel ist.

Charmides Aporetischer und komplizierter Definitionsdialog über die Frage, was Besonnenheit ist, die zu einer differenzierten Diskussion darüber führt, was es bedeutet, sich selbst zu kennen. Nachdem drei Antwortversuche des jungen Charmides auf die Frage, was Besonnenheit ist, widerlegt worden sind (Besonnenheit ist eine Art von Ruhe, Besonnenheit ist Scham, Besonnenheit ist, das Seine zu tun), greift Sokrates die dritte Bestimmung in einem Gespräch mit Kritias auf und interpretiert sie im Sinne der Selbsterkenntnis. Die Frage, was derjenige weiß, der über Selbsterkenntnis verfügt, und was das Objekt der Selbsterkenntnis ist, führt in die Schlußaporie.

Euthydemos Sokrates in einer zunehmend aggressiven Auseinandersetzung mit zwei Sophisten über die Frage, was man junge Menschen sinnvollerweise lehren sollte. Platon konfrontiert Sokrates' ernsthafte Suche nach Wahrheit mit der eristischen Methode der Sophisten, die sich rühmen, jede These spielend widerlegen zu können.

Euthyphron Aporetischer Definitionsdialog mit dem Priester Euthyphron über die Frage, was Frömmigkeit ist. Nach mehreren vergeblichen Versuchen, Frömmigkeit zu definieren, wird deutlich, daß sich Frömmigkeit ohne ein Wissen um die Gerechtigkeit nicht bestimmen läßt (vgl. auch S. 59 ff., 70 f.).

Gesetze (Auch: *Leges*, *Nomoi*) Großangelegtes Gespräch in zwölf Büchern zwischen drei alten Männern auf dem Weg zu einem Zeusheiligtum über die Frage nach Voraussetzungen, die erfüllt sein müssen, wenn man eine neue Polis gut gründen will. Ziel einer musterhaften Gesetzgebung muß die Tugend der Polis sein (Buch I–III). Eine gute Polis ist auch von äußeren Bedingungen, wie z.B. die richtige Größe oder die Lage der Polis, abhängig (Buch IV); das eigentliche Gesetzeswerk erstreckt sich über die Bücher V–XII. Hineingearbeitet ist in Buch X ein Beweis für die Existenz und Güte Gottes, denn ohne einen Gottesbeweis hängen nicht nur die Gesetze gegen die Gotteslästerung, sondern das ganze Gesetzeswerk in der Luft.

Gorgias Sokrates in einer zunehmend aggressiv geführten Auseinandersetzung mit drei Sophisten über die Frage, wie man leben soll. Im Gespräch mit dem berühmten Rhetoriker Gorgias über die Frage, was die Rhetorik ist und was ein Rhetoriker seinen Schülern unterrichten kann, vertritt Gorgias die Ansicht, daß der Lehrer der Rhetorik zwar kein Fachmann für die Dinge ist, über die er redet, seine Schüler aber durch die Rhetorik in die Lage versetzt, über die besten und wichtigsten Dinge im Leben kompetent zu urteilen. Sokrates weist darauf hin, daß dafür das Wissen darüber, was gerecht oder ungerecht, gut oder schlecht ist, notwendig ist. In der sich daran anschließenden Auseinandersetzung mit dem Sophisten Polos argumentiert Sokrates dafür, daß die Redner nicht tun können, was sie eigentlich wollen, weil man nur dann das tut, was man wirklich will, wenn man weiß, was einem im Leben wirklich von Nutzen ist und wie man leben soll. Das weiß der Sophist aber offensichtlich nicht. Ein Rhetoriker ist zwar mächtig, weil er durch seine Rhetorik Menschen von seinem eigenen Standpunkt überzeugen kann; solange er aber nicht wirklich weiß, ob sein Standpunkt richtig ist, kann ihm diese Überzeugungskraft genauso schaden wie von Nutzen sein. Sokrates argumentiert differenziert für die These, daß Unrecht zu leiden besser sei, als Unrecht zu tun. Diese Diskussion führt zur dritten Gesprächsrunde mit Kallikles, der meint, daß der Sinn des Lebens darin besteht, seine Begierden so groß wie möglich machen zu können, um sie dann lustvoll zu befriedigen. Insofern ist der Tyrann, der uneingeschränkt tun und lassen kann, was er will, der glücklichste Mensch von allen. Sokrates argumentiert in einer langen Rede dagegen; ein gelungenes Leben ist nur möglich, wenn die Seele ohne innere Konflikte, d. h. geordnet ist. Diese

Ordnung kommt nur durch die Tugend, vor allem durch die Besonnenheit. Das Glück des Menschen besteht nicht darin, möglichst lange zu leben, sondern darin, gut zu leben. Die These, daß der wahre Staatsmann die Aufgabe hat, seine Bürger zu besseren Menschen zu machen, führt zu einer fundamentalen Kritik an beinahe allen bisherigen Staatsmännern Athens. Der eigentlich wahre Staatsmann ist allein Sokrates, der aber, weil er den Menschen nicht schmeichelt, sondern sie mit der Wahrheit konfrontiert, realistischerweise mit seinem Tod rechnen muß. Der Dialog schließt mit einem Mythos über das Schicksal der Seele nach dem Tod des Menschen.

Hippias maior (Auch: *Hippias I* und *Großer Hippias*): In seiner Echtheit umstrittener aporetischer Definitionsdialog zwischen Sokrates und dem berühmten Sophisten Hippias über das Schöne. Hippias, der eine Vorlesung über das Schöne gehalten hat, wird von Sokrates aufgefordert, zu bestimmen, was das Schöne ist. Die Bestimmung scheitert daran, daß sich Hippias, obwohl er von Sokrates belehrt wird, weigert, die Definitionsfrage kategorial richtig zu beantworten.

Hippias minor (Auch: *Hippias II* und *Kleiner Hippias*): In seiner Echtheit umstrittene Auseinandersetzung zwischen Sokrates und dem eingebildeten Sophisten Hippias über die Bestimmung der Täuschung und der Lüge.

Ion Der Sänger Ion, der sich für den größten Homerinterpreten aller Zeiten hält, wird nach seinem Gespräch mit Sokrates zur Einsicht geführt, daß er zwar möglicherweise in einem Zustand des göttlichen Wahnsinns Homer interpretieren kann, aber eigentlich von Dichtung keine Ahnung hat.

Kratylos Dieser sprachphilosophische Dialog diskutiert die Frage, ob die Namen, mit denen wir Dinge bezeichnen, irgend etwas über die Dinge selbst aussagen oder nicht. Anhand von vielen etymologischen Beispielen, bei denen nicht immer deutlich wird, wie ironisch Platon sie verstanden wissen will, wird für die These argumentiert, Namen ahmten von Natur aus das Wesen der Dinge nach. Die Auffassung, daß die Dinge die Bedeutungen der Namen seien, führt zur prinzipiellen Frage, was überhaupt unter der Bedeutung eines Namens verstanden werden kann.

Kritias Unvollendete Erzählung über den Ursprung Athens, die einst im Meer versunkene Insel Atlantis. Platon knüpft mit der Darstellung des Idealstaates Atlantis an den *Timaios* an.

Kriton Kriton besucht seinen Freund Sokrates im Gefängnis und will ihn zur Flucht überreden. Sokrates flieht nicht, denn das Ziel des Lebens ist es nicht, möglichst lange, sondern richtig zu leben. Zu fliehen würde bedeuten, begangenes Unrecht mit neuem Unrecht zu vergelten. Weil es aber besser sei, Unrecht zu leiden, als Unrecht zu tun, ist es besser, das ungerechte Todesurteil auf sich zu nehmen.

Laches Aporetischer Definitionsdialog zwischen Sokrates und den beiden Feldherren Laches und Nikias über die Definition der Tapferkeit. Die Frage, wem man sinnvollerweise seine Kinder zur Erziehung anvertrauen kann, führt zu der Frage, wer eigentlich über ein Wissen darüber verfügt, zu was man die Kinder erziehen soll. Diese Diskussion führt zur Frage nach einem Fachwissen, und weil die Feldherren Fachmänner in Sachen Kriegsführung sind, müßten sie Sokrates zufolge in der Lage sein, die Frage, was Tapferkeit ist, zu beantworten. Weder die Antwort, Tapferkeit sei Standfestigkeit vor dem Feind, noch die Antwort, Tapferkeit sei eine Beharrlichkeit der Seele, hält den kritischen Fragen von Sokrates stand. Die letzte Antwort, Tapferkeit sei eine Form von Weisheit, scheitert daran, daß es nicht gelingt, die Tapferkeit von anderen Formen der Tugenden so zu unterscheiden, daß das Spezifische der Tapferkeit deutlich wird.

Lysis Aporetischer und komplizierter Definitionsdialog, in dem sich Sokrates mit zwei Jungen über die Frage unterhält, was Freundschaft ist bzw. was eine Freundschaft begründet. Deutlich wird, daß nur diejenigen wirkliche Freunde sein können, die beide das anstreben, was wahrhaft gut und ihnen angehörig ist.

Menexenos In seiner Echtheit manchmal bestrittene, ironische, fiktive und pathetische Totenrede von Sokrates auf die gefallenen Krieger des Korinthischen Krieges (der überhaupt erst nach dem Tod von Sokrates stattgefunden hat).

Menon Aporetischer Definitionsdialog. Sokrates spricht mit Menon, einem Schüler des Sophisten Gorgias, über die Frage, ob Tugend lehrbar ist. Weil sich diese Frage nur beantworten läßt, wenn zuvor geklärt ist, was eine Tugend ist, fordert Sokrates Menon auf, Tugend zu definieren. Menon weigert sich und begründet seine Weigerung damit, daß er die Tugend nur dann definieren kann, wenn er irgendwie bereits weiß, was die Tugend ist, denn wenn man nicht weiß, was man sucht, kann man es auch nicht bestimmen. Sokrates bringt mit der Wiedererinnerungslehre (Anamnesis) ein Modell, das auf dieses Problem eine Antwort gibt (vgl. S. 105ff.). Menon bleibt unwillig, sich auf die Frage nach der Definition der Tugend einzulassen, und fordert Sokrates aggressiv auf, die Ausgangsfrage nach der Lehrbarkeit der Tugend zu beantworten. Beide einigen sich darauf, die Frage, ob Tugend ein Wissen ist, zu prüfen, denn nur dann, wenn sie ein Wissen ist, ist sie auch lehrbar. Mit Argumenten, die zeigen sollen, daß Tugend kein Wissen ist, schließt der Dialog.

Parmenides Im ersten Teil werden Probleme einer Ideenlehre ausgeworfen, die nicht unmittelbar gelöst werden (vgl. S. 151ff.), im zweiten Teil findet sich eine ausführliche und schwierige Diskussion über die Frage nach Einheit und Vielheit und der Teilhabe des Einen am Vielen.

Phaidon Sokrates letzter Tag im Gefängnis unmittelbar vor seiner Hinrichtung, den er im Gespräch mit seinen Freunden über die Frage nach der Unsterblichkeit der Seele verbringt. Sokrates fürchtet den Tod nicht, denn die Philosophie, die er sein ganzes Leben lang betrieben hat, ist nichts anderes als eine innere Reinigung und ein Einübung in das Sterben, die Lösung der unsterblichen Seele von dem Kerker des Leibes. Insofern hat er mit dem Tod sein Ziel erreicht. Sokrates' Haltung zum Tod, seine innere Gefaßtheit und Sicherheit, provoziert seine pythagoreischen Freunde Kebes und Simmias, nach Argumenten für die Unsterblichkeit der Seele zu fragen. In einem Argument, das auf der Annahme eines Kreislaufes alles Lebendigen und der Anamnesislehre (vgl. S. 105 ff.) beruht, meint Sokrates zwar zeigen zu können, daß die Seele vor der Geburt existiert haben muß, aber noch nicht, daß sie nach dem Tod ewig weiterlebt und nie zugrunde gehen kann. Um die Unsterblichkeit zu zeigen, holt er weiter aus. Weil die Seele Ursache des Lebens ist, muß der Begriff der Ursache genauer bestimmt werden (vgl. S. 108 ff.). Das, was Ursache des Lebens ist, muß selbst lebendig sein. Weil das Leben dem Tod entgegengesetzt ist, kann die Seele den Tod ebensowenig annehmen wie eine gerade Zahl ungerade werden kann. Was den Tod nicht annehmen kann, ist unsterblich. Der Dialog schließt mit einem Mythos über das Leben der Seele im Jenseits und einer ergreifenden Schilderung von Sokrates' Sterben.

Phaidros Sokrates unterhält sich mit Phaidros, einem Anhänger des Redners Lysias, über den Eros und die Frage, wie man richtig über den Eros spricht. Im ersten Teil des Dialoges hält Sokrates, nachdem Phaidros eine Rede von Lysias über den Eros rezitiert hat, zwei Reden auf den Eros, die in einer Metaphysik des Strebens und Begehrens mit dem Bild der Seele als eines gefiederten Gespannes von zwei Pferden (die für den Trieb und die Emotionen stehen) und einem Wagenlenker (der für die Vernunft steht) gipfelt. Daran schließen sich im zweiten Teil Überlegungen zur Rhetorik und Philosophie an (vgl. S. 47 ff.).

Philebos Ausgehend von komplexen metaphysischen Überlegungen wird die Frage, ob ein Leben der Lust besser als ein Leben des Wissens ist, durch eine ausführliche und differenzierte Analyse verschiedener Lustformen und einigen Unterscheidungen zum Begriff des Wissens dahingehend beantwortet, daß das gute Leben in einer Mischung von Lust und Wissen besteht.

Politikos (Auch: Der *Staatsmann*) Die Frage nach der Definition des Staatsmannes und nach dem für ihn charakteristischen Wissen bringt eine Wiederaufnahme der Verfassungsdiskussion aus dem *Staat*. Ausführliche Diskussion und Anwendung der Dihairese (vgl. S. 167 ff.).

Protagoras Differenziert geführte Auseinandersetzung zwischen Sokrates und dem berühmten Sophisten Protagoras über die Frage, wie man leben soll, ob Tugend lehrbar ist, worin die Einheit der Tugenden besteht und was für eine Funktion Wissen für die Tugenden hat. Nach einer ausführlichen Einleitung, in der Platon die berühmtesten Sophisten und ihre wißbegierigen Schüler ironisch und witzig charakterisiert, beginnt Sokrates mit Protagoras das Gespräch darüber, ob der Anspruch der Sophisten berechtigt ist, Lehrer der Tugend zu sein. Durch einen Kulturentstehungsmythos will Protagoras die These, Tugend sei lehrbar, deutlich machen. Die Fragen, wie sich die einzelnen Tugenden zueinander verhalten und ob es eine Einheit der Tugenden, etwa die Klugheit bzw. das Wissen, gibt, bleiben unbeantwortet.

Sophistes Die Frage nach der Bestimmung des Sophisten führt zur Frage nach dem, was man unter dem Sein versteht, denn der Sophist wird als jemand bestimmt, der einen Schein von einer Sache zu erzeugen weiß; einen Schein zu erzeugen bedeutet aber, etwas zu sagen, was nicht ist; um zu verstehen, was es heißt, daß etwas nicht ist, muß zunächst geklärt werden, was es bedeutet, daß etwas ist, bzw. was unter dem Seienden oder dem Sein verstanden werden muß. Die Frage nach der Bedeutung von Sein führt zu einer Kritik an vier metaphysischen Entwürfen, die alle Aussagen über das Sein machen: dem Monismus (der meint, nur eines ist), dem Dualismus (der meint, es existieren nur zwei Seiende), dem Materialismus (demzufolge nur das existiert, was materiell ist) und dem Idealismus (demzufolge nur das real ist, was ideell ist). An die Kritik schließt sich eine Untersuchung von obersten Allgemeinbegriffen an (Seiendes, Identität, Verschiedenheit, Ruhe und Bewegung) (vgl. S. 165 ff.).

Staat (Auch: *Respublica* oder *Politeia*) Zehn Bücher. Zur Widerlegung der von dem Sophisten Thrasymachos vorgetragenen These, daß derjenige, der ungerecht ist, ein glücklicheres Leben als der Gerechte führt (aporetische Diskussion in Buch I über die Frage, was Gerechtigkeit ist; manche Interpreten nehmen an, daß Buch I ursprünglich ein eigener aporetischer Definitionsdialog zur Frage nach der Gerechtigkeit ist, den sie aufgrund des Namens des Gesprächspartners *Thrasymachos* nennen), skizziert Platon in Buch II–IV vor allem die Verfassung einer idealen Polis (vgl. S. 131 ff.), die zur Frage nach dem gerechten Herrscher und zur Diskussion der Idee des Guten in den drei Gleichnissen, dem Sonnen-, Linien- und Höhlengleichnis (Buch V–VII), führt (vgl. S. 89 ff., 127 f.). Nach der Bestimmung vier möglicher Verfallsformen der Polis (Buch VIII–IX) folgt der abschließende Beweis für die These, daß nur der Gerechte glücklich sein kann, weil seine Seele sich in Harmonie befindet, denn die Vernunft strebt das Gute an (vgl. S. 82 ff.). Buch X vertieft die bereits in Buch II–III eingeführte Kritik an der Dichtung und Kunst mit Hilfe der in den Büchern V–VII entwickelten Ideenannahme und schließt das Werk mit einem Mythos über das Leben der Seele im Jenseits ab.

Symposion Auf einem Fest zu Ehren des Tragödiendichters Agathon werden Reden auf den Eros gehalten. Nach einer ersten Rede, die ganz im Rahmen der griechischen Mythologie verbleibt, folgt eine zweite, in der Agathons Freund die Athener Päderastie verteidigt, und eine dritte, in der ein Arzt eine naturwissenschaftliche Interpretation des Eros versucht. Bedeutsam ist die vierte Rede des Komödiendichters Aristophanes, der einen Mythos erzählt, um die Kraft des Eros zu veranschaulichen. Die Menschen seien früher radähnliche Wesen gewesen und durch die Welt gerollt. Als sie den Sitz der Götter, den Olymp, erobern wollten, habe Zeus sie in zwei Hälften schneiden lassen. Jeder Mensch ist heute nur eine Hälfte dessen, was er einmal gewesen ist, und sehnt sich nach seiner ursprünglichen Ganzheit. Zu dieser Ganzheit findet er, wenn er seine andere, ursprünglich ihm angehörige Hälfte wiederfindet; der Eros ist die Kraft, die die Hälften zusammenführt. Nach einer Rede des ganz von sich eingenommenen Agathon und einem kurzen Dialog, in dem Sokrates Agathons Rede höflich, aber vernichtend kritisiert, referiert Sokrates die Gespräche, die er als junger Mann mit der Priesterin Diotima geführt hat. Diotima bringt eine Interpretation des Eros, derzufolge der Eros seine Erfüllung in der Schau des Schönen findet, die ihm allein wahre Unsterblichkeit sichert (vgl. auch S. 112 ff., 120 ff.). In die Versammlung platzt betrunken Alkibiades, der in seiner Rede auf den Eros Sokrates, den wahren Philosophen, porträtiert.

Theaitetos Aporetischer Definitionsdialog über die Frage, was Wissen bzw. Erkenntnis ist. An die differenzierte Widerlegung der These, Wissen sei Wahrnehmung (vgl. S. 159 ff.), schließt Platon noch zwei weitere Definitionsversuche an: Wissen ist wahre Meinung und Wissen ist wahre Meinung mit einem *logos*, d. h. einer Erklärung oder Begründung. Dabei führt die Frage, was für Voraussetzungen gegeben sein müssen, damit etwas eine Begründung sein kann, in die Aporie, mit der der Dialog endet.

Thrasymachos Siehe unter *Staat*.

Timaios Platons Naturphilosophie mit dem Versuch einer konsequenten mathematischen Weltbeschreibung, die u. a. auf der Annahme von Ideen beruht. Ideengeschichtlich bedeutsam durch die Annahme eines Demiurgen, der die Welt dadurch geschaffen hat, daß er auf die Ideen geschaut und nach ihnen die Materie geformt hat (vgl. S. 149 ff.).

Index

Akademie 23, 25–31, 52, 154, 158
Alkibiades I 35, 180
Anamnesis, Wiedererinnerung 106, 165
Apologie 17, 35, 37, 55, 59, 180–181
Aporie 37, 72, 159
apriorische Begriffe 105, 161
Aristophanes 15, 17
Aristoteles 12, 31, 133, 143, 154, 158

Bayern München 102
Begriff 62, 101, 150, 165

Charmides 35, 37, 75, 181
Chronologie der Dialoge 33–36
Cicero, Marcus Tullius 42

Definition 37, 62, 65, 69, 75, 90, 101, 107, 119, 141, 155, 159, 168
Definitionen 33
Definitionsdialog 56, 59–61
Demokratie 14, 27, 135
Dialektik 124–127, 164
Dialogform 41–53
Dichtung 132
Dihairese 166–171
Diogenes Laertios 12, 21

Dion 21–22
Dionysios I. 21
Dionysios II. 22

Echtheit der Dialoge 11, 33
Elenktik 124–126
epistemische Priorität 97, 110
Erfahrungswelt 96, 102–106, 108, 114, 116, 127, 151, 165
Eros 38, 112, 130
Erziehung 15–16, 25, 38, 86, 132
Eudoxos von Knidos 148
Euripides 15
Euthydemos 35, 75, 125, 181
Euthyphron 35, 59–61, 64–73, 125–126, 181
Existenz (s. a. ontologische Priorität) 66, 97, 100, 116–117
Extension 63, 70, 101

Frauen 27, 31, 134

Gerechtigkeit 19, 28–29, 56, 66–67, 83–85, 90, 101, 141, 146
Gesetze 34–35, 145–146, 181–182
Gorgias 28, 35–37, 67, 88, 125, 137, 139, 182–183
Gottesbeweis 148
gutes Leben 27, 30, 55, 58, 79, 85
Gymnasion 16, 23

190

Hegel, Georg Wilhelm Friedrich 126–127
Heisenberg, Werner 100
Heraklit 103
Hippias maior 35, 183
Hippias minor 35, 183
Hypothesen 117–119, 126

Idee 59, 64–65, 100–127, 150
Idee des Guten 86–129
Ideengemeinschaft 164–167
Ideenlehre 38–39, 73, 81, 94, 141, 150, 158
Ideenschau 65, 112, 120–123, 126–127, 130, 141, 162, 165–167
Intension 63, 70, 101
Interpreten 72
Ion 35, 183
Isokrates 27

Justinian 24

Kant, Immanuel 91
Krämer, Hans Joachim 52
Kratylos 35, 183–184
Kritias 35, 184
Kriton 35, 37, 59, 184

Laches 35, 37, 184
Lust 88
Lysis 35–36, 49, 75, 77, 184

Mathematik, Geometrie 21, 26, 38, 52, 94, 98–100, 105–107, 113, 117, 134, 148–149
Medizin 49, 78, 87, 144, 160
Menexenos 34–35, 185
Menon 35, 38, 105–108, 185
Mysterienkulte 121, 138

Mythos, Mythen 44, 61, 106, 132, 136–139

Naturordnung 30

Objektivität 67
Oligarchie 135
ontologische Priorität 97, 102, 110, 112, 123, 150

Parmenides 13, 35, 145, 150–158, 170, 185
Paulinische Prädikation 155
Peloponnesischer Krieg 13–15, 18
Perikles 14–15
Phaidon 35, 43, 81, 92, 101, 107–111, 118–119, 126, 130, 137, 139, 142, 165, 185–186
Phaidros 35, 46–47, 186
Philebos 35, 88, 145, 169, 186
Philodemos 12
Philosoph 46–51, 75, 82, 86, 120, 124, 164
Philosophenherrschaft 20, 22, 28, 86, 120, 131, 146
Philosophie 46–51, 117, 170
Polis 13–14, 129, 131, 146
Politikos 35, 145, 147, 187
Popper, Karl 134
Prädikat 62
Pragmatismus 93
Protagoras 159
Protagoras 27, 35, 37, 125, 187
Pythagoras 20, 99
Pythagoreer 38, 106

Relativismus 29, 67, 159
Rhetorik 27

Schleiermacher, Friedrich 49
Schriftlichkeit 46–51
Seele (s. a. Unsterblichkeit) 19, 21, 37, 44, 76, 81, 83, 106, 129, 131, 136, 156, 161
Siebter Brief 11–12, 18–20, 23, 30, 121
Skepsis 45, 103
Sokrates 16–19, 26, 28, 42, 55, 59
Sophisten 38, 67
Sophistes 35, 164–167, 187
Sophistik 25–31, 38
Speusippos 24
Sprachstatistik 35
Staat 35, 67, 82–86, 88, 118, 120, 124, 126, 129, 131, 137, 143, 146, 188
Symposion 35, 101, 112–115, 120–123, 126, 129–130, 144, 156, 188–189

Teilhabe 142, 151–153
Teleologie 79, 86, 92, 125
Theaitetos 35, 145, 159–163, 189
Thrasymachos 189

Timaios 35, 101, 146, 149–150, 189
Timokratie 135
TSV 1860 102
Tübinger Platoninterpretation 51–53, 72–73, 143
Tugend 56–58, 77
Tyrannis 135

Ungeschriebene Lehre 51
Unsterblichkeit (s. a. Seele) 21, 38, 44, 82, 106, 137
Urbild/Abbild 96, 99, 128, 157

Vernunft 83–85, 91, 94, 131, 149
Vlastos, Gregory 154
Vorsokratiker 26, 41, 149

Weizsäcker, Carl Friedrich von 100
Wesen 65, 91–92
Whitehead, Alfred North 173
Wieland, Wolfgang 143
Wittgenstein, Ludwig 68

Zenon 151
zweitbeste Fahrt 108–109, 119, 123